MARCOS LÓPEZ

LA PIZARRA DE SIMEONE

La pizarra de Simeone. - 1a ed. - Ciudad Autónoma de Buenos Aires: LIBROFUTBOL.com, 2015. 180 páginas; 22,9x15,2 cm.

ISBN 978-987-3763-19-9

1. Fútbol. 2. Anécdotas. I. Título
CDD A863

LA PIZARRA DE SIMEONE
de Marcos López

Infografías: © Germán Pizarro
Paginación y diseño: © Arco da Velha
Contenido e imágenes: © Prime Books

LIBROFUTBOL.com
Olga Cossettini 1112 - oficina 8F - Ciudad de Buenos Aires - Argentina
ediciones@librofutbol.com - whatsapp +54 9 11 2215 1982

1ª edición: Julio de 2015

ISBN 978-987-3763-19-9

PRÓLOGO (por PAULO FUTRE)

Hoy es lunes 26 de mayo. Han pasado 48 horas desde que mi corazón se detuvo por segundos y me quedé completamente congelado. Mi cuerpo era incapaz de moverse, paralizado. Tan solo quedaba un minuto para que el Atlético de Madrid se consagrase campeón de Europa. Solamente 60 segundos para tocar la gloria. Pero todo el mundo colchonero se derrumbó. Además, todos sabíamos que aquel maldito gol del Real Madrid hundía completamente a nuestros cracks, al mismo tiempo que daría fuerza mental a los jugadores blancos de cara a los 30 minutos de la prórroga. Y así fue. Jamás olvidaré aquel maldito minuto 92.

Sin embargo, mientras escribo estas líneas dos días después de aquella noche negra, siento más orgullo que nunca en ser colchonero. Pienso en nuestros cracks y en mi héroe, el gran Cholo Simeone.

El pasado miércoles 30 de abril, cuando jugamos en Londres el partido de vuelta de semifinales contra el Chelsea, escribí la siguiente carta al técnico argentino en mi sección de Marca "Los toques de Futre":

Te escribo esta carta a las cinco de la tarde del miércoles. Quedan pocas horas para que empiece el partido de vuelta de las semifinales en Londres, y lamentablemente estoy en Lisboa por motivos profesionales. Quién sabe, tal vez el hecho de que esté en la capital portuguesa sea un guiño de que te esperaré aquí en la final. Pero esa no es la cuestión por la que te escribo. Además, solo leerás estas líneas mañana, así que independientemente de lo que ocurra contra el conjunto inglés, me gustaría decirte un par de cosas.

En primer lugar, no me cansaré de agradecerte lo que estás haciendo en el club desde que aterrizaste en el banquillo del Manzanares. En el fútbol la memoria es muy corta, y es en momentos como ahora, cuando estamos a un pasito de poder conquistar algún título importante, que todos los atléticos debemos recordar que cogiste a un equipo hundido en diciembre de 2011, a cuatro puntos del descenso, y que acababa de ser eliminado de la Copa del Rey por el Albacete de Segunda B. El club era un auténtico caos a todos los niveles y los más pesimistas empezaban a tener pesadillas con el fantasma del infierno de la segunda división. Pero toda la intranquilidad que se vivía por aquel entonces desapareció rápidamente con tu llegada.

Desde que te sentaste en el banquillo colchonero por primera vez, los jugadores parecieron otros. Tuvieron un cambio radical de actitud, hasta entonces habían sido una sombra de sí mismos. Todos sentimos que las cosas iban a ser distintas, y así ocurrió. Solo volvimos a perder un partido en liga dos meses después, el 26 de febrero de 2012, contra el Barcelona. Es increíble como en tan poco tiempo conseguiste transformar un equipo completamente hundido moralmente y con una dinámica perdedora, en un equipo ganador. Nadie podía imaginar en diciembre, antes de tu llegada, que unos meses después estaríamos festejando en Neptuno la conquista de la Europa League, o en agosto la victoria de la Supercopa de Europa. No hay palabras para lo que conseguiste tan rápido.

La temporada pasada continuamos creciendo en la liga. Me acuerdo que en febrero estábamos luchando con los dos tiburones por el título, y jamás podremos olvidar la Copa del Rey que venciste heroicamente a nuestro eterno rival en su propio estadio. Lo de este año me dejó sin palabras. Es más que matrícula de honor, tendríamos que inventar una palabra para lo que estás haciendo y por lo que ya has logrado en estos dos años y medio. Para muchos hoy eres el mejor entrenador del mundo, porque ningún otro podía hacer lo mismo que tú en tan corto espacio de tiempo. Para mí ya eres uno de los mejores entrenadores de la historia, porque a pesar de diferencia abismal de presupuesto con Barcelona y Real Madrid, estamos a dos victorias de conquistar la liga 18 años después, contra todo y contra todos. Dentro de muy poco tiempo jugaremos contra el Chelsea, otro equipo que por lo menos nos triplica el presupuesto, y está en juego nada más y nada menos que estar en la final de la máxima competición continental cuarenta años después.

Cuando el Cholo leyó mis palabras, ya estábamos en la final de Champions League, semanas después vencimos la liga, y hace dos días nos faltó un minuto, solamente un minuto, para ser campeones de Europa. Qué grande eres Cholo.

Muchas gracias por coger a un equipo a cuatro puntos del descenso, hacerlo soñar con lo imposible, y convertirlo en realidad.

LOS SECRETOS TÁCTICOS DE SIMEONE

Ni una sola lágrima. A la mejor temporada de la historia del Atlético le habían sobrado no más de tres minutos. Decepción no era la palabra, el sentimiento colchonero lloraba orgulloso de los suyos. El futuro, tan incierto como el destino, siempre te da revancha; pero existe el miedo a no estar -pasaron cuarenta años de la última- cuando se dé ese partido definitivo en que el Atlético sea rey de Europa. Sólo el Real Madrid en la Champions y en la Copa, en la Liga mandaron los colchoneros, había sido capaz de frenar a los guerreros de Simeone.

¿Se puede ser justo y cruel al mismo tiempo? El fútbol lo fue en Lisboa. Por eso la pasión nos puede, por eso buscamos descifrarlo y cuando creemos que tenemos la fórmula empezamos a entender que los intangibles son definitivos en el deporte más imperfecto. La victoria pocas veces llega de las virtudes, sino a partir del aprovechamiento de los errores del adversario. El Atlético de Madrid se quedaba en el último escalón, acabando la competición imbatido a noventa minutos -ahí es nada-, habiendo arrasado a sus rivales en emoción, deseo y competitividad. El Madrid, que había sido superior, sólo tenía una jugada más, la de Ramos, para evitar el abismo que le esperaba. Al Atleti, que había resistido sin pisar el área contraria, le quedaba defender bien un córner. Tan cerca y tan lejos. De la gloria se había pasado al silencio. Se había escapado. Justicia y crueldad.

Lo tienes todo y no tienes nada. Decía Arrigo Sacchi que la victoria se queda en los libros, pero la forma de conseguirla se queda en la cabeza de la gente. No le falta razón al maestro, pero eso se magnifica en la derrota. Nadie olvida el dolor del perdedor cuando la victoria era suya, un título que nunca será pero que pudo haber sido. La victoria te deja sin argumentos, sin objetivos ni ambiciones. La gloria atenta en el ego de los individuos hasta hacerles perder su fortaleza y eso, en el mundo de la competitividad, supone un final

prematuro donde el pasado efímero.

Atrás quedaban días de trueno, alegrías únicas y emociones inconfesables. El Atlético había llegado al tramo final exhausto, castigado por la obligación de ir al mil por ciento en cada partido para seguir en la lucha y sin su jugador más desequilibrante -Diego Costa- en condiciones óptimas. No había margen para recuperarlo, pero fueron con todo. El jugador, con el Mundial a la vuelta de la esquina, lo deseaba tanto que jugó y cayó en las dos finales antes de que el partido se situase. Simeone reconoció su error, pero nadie sabrá por qué lo hizo. En el calentamiento de Lisboa percibió que Diego Costa no estaba. No era el día. Adrián, de manera discreta, empezó a ejercitarse, pero Simeone decidió no dar marcha atrás. Ese cambio le hubiese venido de maravilla; Mario Suárez a escena, para romper el ritmo del Madrid en el descuento y tener respuesta en el balón parado. Esa decisión le acompañará siempre, por más que el crédito de Simeone sea infinito.

Ni las victorias ni las derrotas son definitivas. Eso les da esperanza a los derrotados y debería darles una lección de humildad a los victoriosos. Es una cita de José Saramago que refleja "el hacer" de Simeone y sus guerreros, así como "el sentir" de los incondicionales rojiblancos. En el Camp Nou -tras ganar la Liga- Simeone demostraba que iba un paso por delante. Salió acompañado de su equipo de trabajo -la foto suya fue la de todos-, agradeció la victoria y respetó al adversario. Se mostró orgulloso y sabedor de que habían entrado en la historia de un club que había necesitado de una década para salir del infierno en el que había estado metido y que acumulaba cinco años consecutivos ganando al menos un título. Impecable en el discurso, pero, ya se sabe, ganar es tan sencillo que sólo los idiotas muestran su ego y su endiosamiento sin darse cuenta de que cuando ganas el elogio llega solo, por lo que aplicar el principio de humildad es relativamente sencillo.

Quedaba la derrota. Saber gestionarla y ser ganador en la misma. Ensuciar la victoria del oponente, recurrir al árbitro como cortina de humo o señalar a alguno de los jugadores es impropio de los grandes. Te puedes llenar de rencor, de excusas y descargar responsabi-

lidades iniciando un camino de autodestrucción que acaba en la soledad más absoluta, si entendemos que siempre hay un "palmero" cerca que dirá que la culpa fue de otros. El resentimiento no es una opción por más que sea el camino fácil. Depende de ti. Conseguir triunfar en la derrota sólo está al alcance de los personajes tipo A. Esos que sólo quieren rodearse de gente mejor que ellos, que no consienten que los mediocres trabajen a su lado para sentirse superiores, de personas que se atreven a luchar por lo imposible, siendo capaces de sacrificarse para hacer felices a muchos.

Simeone, en la rueda de prensa posterior a la final de Lisboa, fue recibido con aplausos. Era como un dios, un entrenador al que nadie cuestionaba en la derrota, y más que eso ya no se puede ser, aunque, en realidad, eso es puro vacío. La crítica te mantiene despierto, la exigencia te obliga y la comodidad te resta. Nadie le iba a preguntar por la táctica, ni por los cambios, ni siquiera por ese último córner. Tampoco por su ira contra Varane -en un lance donde ese orgullo de campeón le abrumó- ni por la decisión de sacar a unos y no a otros. A Ancelotti, en caso de derrota, le esperaba el infierno, horas y horas de críticas exacerbadas, pero no, no era el caso de Diego Pablo Simeone. El técnico colchonero, en ese momento, estaba por encima del bien y el mal.

El Cholo podría aprovecharse de tal condición, pero volvió a ejercer de chamán colchonero. Empezó a ganarle terreno a la temporada siguiente. Invirtió en el futuro huyendo de la épica y dándole a su equipo una nota de sobresaliente, pero no de matrícula. Se hizo el único culpable, mostró su amargura, pero no su lamento; no hubo reproches sino naturalidad. Había sido fútbol, no se dio la inmortalidad. Lo tienes todo y no tienes nada. Reivindicó la lucha, el deseo y la enorme disciplina de los suyos para dejarse la piel en cada entrenamiento. Los campeones se forjan en la derrota y en la soledad. En la noche más larga el cuerpo técnico y los dirigentes -así se escuchó en el avión de vuelta- estaban tan orgullosos, como la afición, de sus jugadores. Te podrán superar, pero nunca conseguirán la rendición de un verdadero campeón. Porque el Atlético, pase lo que pase a partir de ahora, fue y sigue siendo uno de los grandes. La historia

se escribe latido a latido, y ése, el de Lisboa, no iba a ser el último latido de una historia donde la emoción fue el hilo argumental desde el minuto cero. Sin jugar se ganan muchos partidos. Así es el fútbol.

Ole, ole, ole, Cholo Simeone. El 23 de diciembre de 2011 se anunciaba de manera oficial que Diego Pablo Simeone sería el nuevo entrenador rojiblanco. Los caminos, por fin, se habían vuelto a cruzar. La ilusión había regresado al Calderón. Era un punto de inflexión, la última bala en la recámara para los dirigentes colchoneros, ya que la situación deportiva, entonces, era deprimente, con un equipo que no jugaba a nada.

El Atlético había caído en la Copa del Rey ante el Albacete, equipo de la 2.ª División B, perdiendo tanto el partido de ida como el de vuelta. El sentimiento colchonero era unánime: frustración, rabia e indignación contra Gregorio Manzano, entrenador hasta ese día del equipo. En la plantilla ya se encontraban todos los que serían meses después ganadores, sin que nadie sospechase que esos mismos futbolistas podían tener tanto deseo de alcanzar un único objetivo: la gloria.

Un día antes, el 22 de diciembre, Enrique Cerezo anunciaba la destitución del técnico, así como la oferta formal a Diego Pablo Simeone. Las cartas estaban marcadas, ya que la confirmación del fichaje había llegado desde Argentina un día antes de que el presidente anunciase la propuesta que el Atlético le había trasladado al Cholo. No hubo margen para otros nombres, ni siquiera hubo terna, sino total unanimidad. El elegido era Simeone. Sin condiciones ni alternativas.

Simeone entrenaba al Racing de Avellaneda. El club vivía un proceso electoral y todos los candidatos querían la continuidad del míster. El entrenador no se posicionó con ninguno de los candidatos. Ganó Gastón Cogorno y lo primero que hizo fue llamar a Natalia Simeone, hermana y la agente que representa al Cholo, para ofrecerle la continuidad en el cargo, con plenos poderes en el área deportiva. Sin embargo, recibió una negativa por respuesta, sin ningún argumento de peso, hasta que Gastón comprendió que Simeone iba a ser, días después, el entrenador atlético.

Los hinchas del Racing metían presión a Cogorno con el asunto del Cholo, y a éste no le quedó otra que salir a la prensa. El Atlético ese día jugaba la vuelta contra el Albacete, pero Quilón, agente de Manzano, ya estaba sobre aviso porque Caminero, director deportivo de la entidad, también era uno de los suyos, pero nadie decía nada en claro sobre la continuidad de éste. Miguel Ángel Gil, con el Atleti jugándose el pase contra el Albacete, ya pensaba en los partidos de enero y en aprovechar el parón de Navidades para darle un giro total a una embarcación que estaba encallada.

Gastón Cogorno quiso dejar bien claro que su llegada a la presidencia no tenía nada que ver con la marcha de Simeone. Explicó con todo detalle su buen hacer profesional e innegable dedicación, así como su talento para equilibrar los equipos. Se despidió con una afirmación concluyente: "Sabemos que está negociando con el Atleti; aquí en Argentina se dice que está todo cerrado y no tengo dudas de que el 26 de diciembre estará trabajando allí".

El fichaje estaba cerrado. Quedaba por acordar el equipo completo y dar fuerza mediática a la llegada del técnico, pues, sobre todo, se necesitaba cambiar un estado de ánimo donde todos rehuían la mirada y pocos mantenían la vista al frente. Había miedo a seguir ganando, una empresa difícil, ya que el Atlético jugaba otra Liga. Hacerse un hueco entre el Madrid y el Barça era una quimera, dado que a nivel presupuestario no resultaba razonable y exigir el cielo a los tuyos es el principio del fin, porque no hay nada que te acerque de manera tan rápida al fracaso.

Caminar. Paso a paso, ganando metros a los rivales, sin que estos imaginasen siquiera que los colchoneros estaban ahí. Esa fue la mentalidad de Simeone desde el primer día. El Cholo jugaba con una baraja especial, él sabía cuál era el punto final y así se dirigía a la prensa. Sin ansiedad, sin precipitación. Antes de buscar la mejora futbolística, pensó que lo mejor sería cambiar la "psique" y desarrollar un estilo de juego donde el lema fuese el clásico "uno para todos y todos para uno". Los tres mosqueteros salían a escena, pero con el paso de los partidos el Atlético acabó generando una inercia de emoción y desafío apasionante.

No se trataba de ganar, ése era un objetivo secundario, sino de recuperar la competitividad. El Atlético tenía que estar ahí siempre, dejándose la piel en cada cita, defendiendo el escudo y también enamorando a los niños, para asegurar que el club -más allá de sus vaivenes societarios o deportivos- no perdiese su lugar entre los mejores.

Empezaba una aventura donde dominaban los principios fundamentales para sustentar la toma de decisiones de Simeone. Cuento el secreto para captar a la primera y con cierta anticipación cuáles iban a ser los pasos a seguir por el técnico a su llegada al Atleti. Conocí al Cholo el 24 de marzo de 2009. Fue en el local del Asador Frontón, con motivo de una comida del equipo del Tirachinas, que dirigía José Antonio Abellán, con programa posterior, donde Simeone era el protagonista principal y Kiko Narváez, Toni Muñoz, Roberto Solozábal y Bernardo Schuster le secundaban. Asimismo, Miguel Ángel Muñoz, Matallanas, José Miguélez y un servidor, para hacer de la comida y del programa una conversación de más de cuatro horas maravillosas.

Fue un día inolvidable. Simeone llegó acompañado de una persona de su confianza. Había aterrizado tarde, el Atleti no había jugado un buen partido en Mallorca el día anterior con Abel Resino en el banquillo, y venía de ver entrenar al Inter, con Mourinho. El portugués le llenó porque sabía convencer al jugador, porque era capaz de alterar al rival desde una sala de prensa y porque hacía que todos fuesen soldados con el mismo rango, más allá de la calidad diferencial de cada uno. Aterrizó maravillado por el nivel único de Ibrahimovic. Era grande, dominador y con la capacidad para ganar partidos. "Es un ente", eso dijo el Cholo aquel día con unos ojos que delataban que el sueco le había fascinado.

La "era Guardiola" estaba comenzando y se empezaba a manejar la etiqueta de "enfermo del fútbol." Pep era arrollador, debate y amor por todo lo que sucedía en torno al balón. Días antes de que fuese presentado como entrenador del Barça, escribí el artículo "Pasión Guardiola". Descubrí que Simeone era de su misma especie. Ambos entendían el juego de manera opuesta, pero los dos querían que sus equipos mandasen en el terreno. Pep, desde tener la posesión, y Simeone, a partir de dominar la posición o el espacio. Por

horas no iba a ser, tanto uno como otro estaban dispuestos a todo con tal de ver a once tipos en pantalón corto ejecutando a la perfección una y otra vez el partido perfecto que ellos habían soñado desde niños.

El Tirachinas de aquel día fue fútbol y más fútbol. Simeone se sentía cómodo hablando del futuro y por más que algunos de los héroes del doblete estuviesen allí, la conversación no se detuvo en el pasado. Insistía en que todo el mundo sabe de fútbol y que siempre se debe aprender. Para argumentar este razonamiento aludió a una anécdota que le ocurrió en sus tiempos como entrenador del River Plate. Estaba haciendo la compra en un centro comercial cuando un veterano aficionado le asaltó para preguntarle: "Cholo, ¿cuándo es gol?". El aficionado insistía, "decime, Cholo, decime, ¿cuándo es gol? ¿Tiene trampa?". "No", le replicó el aficionado. "Cuando el árbitro pita, entonces es gol". "¡Dale, diez puntos, Cholo. La gente ahora no sabe de fútbol".

El programa giró en torno al Atleti. El equipo había vuelto a la élite, pero no terminaba de salir del infierno. Se hablaba del corto plazo y de las opciones de ser el entrenador del club, sin embargo el Cholo no se postulaba en ningún momento. Otro, y más tras el partido jugado en Mallorca por el Atlético el día antes, lo hubiese hecho sin ponerse ni colorado. Simeone guardó un respeto máximo por el trabajo de Abel Resino, dejando bien a las claras que su hora no había llegado. Lo veía con una claridad meridiana. En el fútbol todo puede ocurrir, pero Simeone lo tenía todo pensado. "Quiero un desafío en Argentina, San Lorenzo. Vete tú a saber". Y se rio para restarle trascendencia a esa declaración de intenciones tan manifiesta. Un mes después de aquella comida era el nuevo técnico del ciclón.

Llegó un momento donde Abellán me preguntó: "Marcos, ¿a quién tiene que fichar el Atleti para volver a pelear por los títulos?". Sin titubear le contesté que el Atlético tiene que cambiar la mentalidad. Falta liderazgo, alguien que haga que el grupo sea más importante que las individualidades, encontrar un bloque de siete u ocho jugadores buenos, de nivel. Sumar cada año uno o dos fichajes que sean titulares, mejores que los que haya. Crecer construyendo desde los objetivos más básicos. Trabajar la cantera para que ésta sea la base del primer equipo y que el Atleti vuelva a ser un conjunto de repliegue y contraataque, que respete su historia y su estilo, donde todos vayan a muerte desde la primera a la última jugada. Un equipo que haga que sus aficionados se sientan orgullosos de ellos por su compromiso y mentalidad. Eso les dará más crédito que cualquier título, que llegará si cada año se va implementando el bloque con uno o dos jugadores de calidad.

La respuesta supongo que no fue la esperada por los oyentes, que seguramente deseaban escuchar nombres de jóvenes talentos, pero el Cholo, sentando enfrente de mí, dijo: "Eso es". "Abellán, sí, eso es. Lo que dice Marcos. No puedo decir más, eso es". Y se hizo el silencio. Su mirada me quedará para siempre grabada y el agradecimiento por el respeto mostrado. Las horas pasaron y una vez acabado el programa nadie miró el reloj. El Cholo era de la misma especie que Bilardo, Arrigo Sacchi o Pep Guardiola. La pasión les desbordaba y su único peligro era enfermar de "futbolitis", entrenadores que, como Simeone, detestaban todo aquello que se hacía para disfrutar únicamente. Él era el indicado. Podía fracasar en cualquier otro lugar, pero no en el Atlético, ya que conocía la casa como si nunca hubiese tenido otra.

Su carácter saltaba a la vista. Simeone dejó de ser Cholito en el Mundial-98. Allí se vivió un duro enfrentamiento entre la prensa y el combinado albiceleste que pasó factura a ambos y sólo perjudicó el rendimiento de una de las mejores selecciones argentinas que se recuerdan. Lo tenían todo. El talento y la lucha, la técnica y la potencia, la pegada y el equilibrio. De esa lucha surgió el liderazgo del Cholo. Algunos le llamaron caudillo, pero él siempre defendió que lo importante en los grupos no era hablar mucho ni gritar, sino ser escuchado. El apodo de "Cholo" se lo había puesto Óscar Nessi en las inferiores de Vélez por Carmelo Simeone, el auténtico Cholo, futbolista que en los años sesenta triunfó en el Boca Juniors y en la selección argentina, siendo su cualidad principal la de ir siempre al frente. Dicen que con él en la cancha había que ganar o morir, no era un cualquiera Carmelo Simeone. Lo curioso es que ni siquiera se

conocían y la gente paraba a Carmelo por la calle y le felicitaba por el éxito de Diego Pablo Simeone, su "hijo" a los ojos de muchos.

Simeone nunca sintió el miedo escénico y si lo sintió disimuló a la perfección, ya que no dudó en ser el primero en ponerse el 10 de Maradona en la Copa América del 91 cuando Diego estaba sancionado por dopaje. En su última etapa en el Atlético había jugado de líbero. El Káiser, atrás. Sabía que ahí podía aguantar más años. Era un puesto donde primaba la colocación antes que el recorrido. Su debut en esa posición fue contra Eto'o. Casi nada, ya que era difícil encontrar uno que castigase más a los centrales que el león indomable. Una mañana, cuando jugaba para el Inter de Milán, se lesionó Bergomi y el míster preguntó quién podía jugar de líbero. Simeone no dudó en levantar la mano. Un tipo que siempre va hacia adelante.

Personalidad tampoco le faltaba. Se enfrentó a los que se le cruzaron, defendió el escudo y luchó por los suyos. En un partido contra el Barça de Cruyff tuvo un duro enfrentamiento con Romario. Brasileño contra argentino, virtuoso contra fajador. Todo acabó mal, y Cruyff saltó en defensa del mágico Romario. Simeone no dudó en decir a los medios que Johan se creía Dios. El Cholo era un guerrero que nunca se dejaba nada. Y aquella adrenalina se plasmaba en determinación como entrenador. Sabía lo que quería. El momento había llegado.

"Ganar, ganar y volver a ganar"

Luis Aragonés, allá donde se encuentre, será el más exigente analista del Atleti. Esta frase suya ya forma parte de los códigos del fútbol. De nada sirve celebrar, los aficionados pueden sacar pecho y disfrutar con las pequeñas, notables e inolvidables victorias, pero la mentalidad ganadora pasa por llegar al entrenamiento dispuesto a demostrar tu capacidad como si ayer hubiesen jugado otros. Un club se vuelve ganador cuando gana una generación y la siguiente, y la exigencia se vuelve una virtud porque la selección natural excluye a todos los que se hunden por las críticas de una derrota o se vuelven locos por una victoria, que si no es en una final, siempre será menor.

Quique Sánchez Flores fue la primera piedra. El antecesor de Simeone en toda regla. Simbolizó el "ganar" de Aragonés. El primero. Donde nadie se lo esperaba, ahí apareció el Atleti y lo hizo con los mismos códigos tácticos que el Cholo manejó después a su llegada para conseguir el segundo "ganar". Ese que se traduce en "mantenerse". Ahora el Cholo anda metido de lleno en el "volver a ganar". Si lo consigue, será Dios.

Quique ejerció de canalizador, de líder, a partir de la táctica y de darle un estilo al equipo. Con Javier Aguirre o con Abel Resino, el Atleti era un equipo que se partía en dos bloques, había unos que atacaban y otros que defendían. Así, era imposible competir. Con Quique el equipo se juntó, empezó a ser un bloque donde todos atacaban y todos defendían. Once rojiblancos contra todos. Los jugadores de banda dejaron de ser extremos y se volvieron centrocampistas que cerraban en defensa y volvían con el suyo. Reyes cumplió en la banda derecha con las tareas para las que no había nacido y Simao empezó a repartir sus esfuerzos entre las idas y las vueltas. Forlán comenzó a ayudar con el mediocentro rival, ejerciendo de quinto centrocampista, y el Kun Agüero sintió que currar no le venía mal del todo. A día de hoy, el equipo sigue jugando a lo mismo. Comprender ese pasado sirve para entender la inmediatez del éxito del Cholo, ya que todos captaron su propuesta desde el primer momento y nadie la cuestionó, por la sencilla razón de que esa fórmula les había llevado a ganar en Europa décadas después.

La Europa League fue oro para la entidad. El Fulham cayó en Hamburgo para satisfacción de un club que había sufrido mucho. Lo habían conseguido. El Príncipe Felipe festejó como un colchonero más y la euforia se desató entre los atléticos.

La víspera, en la Cope, Abellán me hizo el habitual examen. Disfrutaba mucho en aquel tiempo. El análisis previo de la final no admitía dudas. Siempre ocurría así en los días señalados. El Atleti era muy superior a nivel individual y colectivo. Quique Sánchez Flores había logrado armar un conjunto en el que todos creían. El Fulham era fútbol inglés y lejos de Craven Cottage se desdibujaban. Reyes, Jurado y el Kun iban a ser los más importantes para dominar el juego a partir de la pelota al ras. Forlán tenía que ser el goleador. El uruguayo, con su movilidad y finalización, tenía el estilo perfecto para ser un incordio para la tosca defensa del Fulham.

En defensa los de Quique tenían que ganar la segunda jugada. Los balones largos de los ingleses no podían ser el guión del partido, porque la única manera de perder era jugar siguiendo los códigos del fútbol anglosajón. La gloria pasaba por imponer el estilo latino y no darle ni un metro ni una opción a balón parado a Zoltan Gera y a Bobby Zamora. Tras la exposición y el debate, Abellán me preguntó de manera directa: "¿Vamos -Abellán es muy del Atleti- a ganar?". "Ganará el Atlético. Son muy superiores".

Al final esa superioridad fue menor. Los rojiblancos se contagiaron por momentos y sufrieron en algunos tramos, pero De Gea estuvo increíble, haciendo la parada del partido, y Domínguez, otro canterano, estuvo imperial atrás. Bobby Zamora se fue antes de tiempo, por problemas musculares, cuando era un auténtico incordio, y los colchoneros se quitaron de encima la amenaza.

Quique sacó a Jurado para tenerla y desatascar el juego de los suyos, dejando que el Kun Agüero fuese la distracción perfecta para que Diego Forlán acabase como el hombre del partido. "Neptuno" se llenó, catorce años después se volvía a celebrar un título. Llegar fue tan difícil como resultaría mantenerse tiempo después.

Ese equipo jugó también la final de la Copa del Rey en el Camp Nou contra el Sevilla, y volvió a tocar la gloria con la final de la Supercopa, ganada al Inter de Milán en el partido que estrenaba la temporada. Fue un 0-2 incontestable contra un Internazionale en el que ya no estaba Mourinho en el banquillo. El portugués había fichado por el Madrid y eso aumentaba la atención de los medios de manera incontrolada, acrecentando el bipartidismo.

Aquel día comenté el partido para la TPA (Televisión del Principado de Asturias), pero esa fecha quedaría señalada para siempre. Fue el primer programa de Paco González y Pepe Domingo Castaño en la Cope. Antes del partido entré para hacer una valoración de lo que podríamos ver. Percibía un Inter sin refuerzos, desgastado en el deseo de ganar, y a Benítez muy expuesto y sin defensa a cualquier comentario. Recuerdo que Paco González me preguntó por Biabiany. "No es un jugador de alto nivel, estará en el banquillo, pero no es significativo. Apúntate este otro, Coutinho. Ése es el bueno entre los nuevos del Inter", le contesté. Por suerte, Biabiany no jugó, basta que lo digas para que haga el gol de la victoria, y Coutinho apenas saltó unos pocos minutos.

Quique apostó por el 1-4-4-2 habitual. El patrón de juego de aquel equipo tenía automatismos y maneras de competir coincidentes con la propuesta del Cholo, tal y como se pudo comprobar a posteriori. Repliegue y contraataque, una defensa que cerraba todos los espacios interiores y un ataque que intentaba castigar la lentitud y la veteranía de la defensa del Inter buscando la velocidad y la profundidad. Todo acabó bien. Fue el primer ciclo ganador con Simeone como segundo emperador colchonero, y ahí está el futuro: que alguien consiga la cuadratura del círculo y la victoria se convierta en algo rutinario en la institución.

Aquel día, en la final de la Supercopa, De Gea fue diferencial y el bloque, protagonista. Reyes se convirtió en el primer goleador y el Kun puso la sentencia. Habían ganado sin el más mínimo rasguño. Fue un día especial, diferente ya que el Atlético había ganado a otro grande de Europa como el Inter y no a un rival menor dicho esto con el mayor de los respetos por un Fulham con una andadura heroica por la Europa League. Los colchoneros tomaron fuerza y se dieron cuenta de que el derrotismo no era el camino, no. Ellos podían. Habían salido a la calle. Quique había sido el canalizador. El técnico convirtió en campeón a un equipo que se manejaba en la vulgaridad cuando se había hecho cargo de él. Simeone lo volvería a conseguir.

Tras esa final, llegó el primer partido de Liga, contra el Sporting en el Calderón. El recibimiento fue apoteósico. Fue un lunes, televisado por La Sexta, y, como en otras ocasiones, yo estaba allí comentando para la cadena con Antonio Esteva y Kiko Narváez. Ganaron los de Quique y el estadio fue una fiesta antes y después. La afición quería competir. Los aficionados nos preguntaban por las posibilidades colchoneras para acabar con el dominio irrevocable de Barcelona y Real Madrid; la final contra el Inter había sido grandiosa.

Ese Atlético vendió durante esa jornada, unos minutos antes del partido, a Jurado al Schalke 04, con lo que se quedó sin uno de sus talentos. La comunicación extraoficial llegó en el calentamiento, aunque la duda estaba presente, ya que Jurado iba a jugar de titular contra el Sporting de Gijón. Era para despedirse. Quique se quedaba sin su plan B, un jugador que encontraba el espacio a partir de tirar paredes y últimos pases, y el Atlético perdía mucho fútbol. El sueño de competir contra los grandes de tú a tú estaba demasiado lejos. De ahí a la llegada del Cholo se abrió un paréntesis.

"Se aprende más en la derrota que en la victoria, pero... ¡Prefiero esa ignorancia!"

La frase es de Roberto Fontanarrosa, humorista gráfico y escritor argentino. "El Negro" -así le conocían- estará disfrutando del fútbol. Era un genio que un día reconoció su frustración. "Mi fracaso en el fútbol obedece a dos motivos. Primero, mi pierna derecha. Segundo, mi pierna izquierda", para terminar diciendo que "el fútbol es el ADN de la vida". Eterno.

Otro que destilaba pasión como el Cholo, un número uno. "El Negro" interpretaba los momentos y daba un toque especial a cada situación. Lo veía antes que nadie. Y por eso hay que entender que la llegada de Simeone al banquillo empieza justo después de ganar la Supercopa de Europa contra el Inter de Milán, en 2010. Comenzaba la cuesta abajo, la venta de los activos de mayor nivel y la formación de un nuevo bloque. Cuando el Cholo llegó en diciembre de 2011, no quedaba ni rastro de los ganadores con Quique Sánchez Flores, y Reyes, el último en salir, fue vendido al Sevilla con la autorización de Simeone a los pocos días de dirigir su primer entrenamiento.

El día a día devoró a un club que necesitaba vender a sus estrellas para pagar la deuda con Hacienda y encontrar así la rentabilidad en un balance que no se sostenía. Se fue Quique Sánchez Flores y la elección de un nuevo entrenador se convirtió en una tarea compleja, pues el listón había quedado alto. El equipo no se había clasificado para la Champions, pero había estado ahí hasta el final. Se pensó en Rafa Benítez, que había salido del Inter siendo campeón del Mundo por la puerta de atrás, y en Luis Enrique. Se mantuvieron unas reuniones donde el proyecto pasaba por vender a los mejores y empezar desde cero.

Finalmente, el elegido fue Gregorio Manzano: Quilón había ganado. La estructura deportiva estaba conformada por gente de su confianza. En los fichajes ganaba Jorge Mendes por goleada. Miranda, Silvio, Pizzi y Arda Turan ya estaban apalabrados desde mucho antes de la elección del técnico. La directiva colchonera hacía toda clase de malabarismos. El Atlético se apoyó en los fondos de inversión para reducir el gasto en fichajes.

Hacía falta liquidez. Pagar a Hacienda era una obligación ineludible y con la ayuda de los fondos para los fichajes la única salida era vender a jugadores y cobrar los importes de los traspasos al contado. Se fueron los jugadores franquicia. De Gea se fue al United, y tanto Forlán como el Kun habían decidido no volver a jugar con la elástica atlética. Un fin de ciclo en toda regla.

Dicen que el fútbol es un reflejo de la vida. Si el ataque, momento en el que buscas que el adversario se percate de tu existencia, tiene tres momentos -inicio, elaboración y finalización de juego-, es sencillo entender que un club grande lo es cuando encadena tres ciclos ganadores en mayor o menor medida. Quique Sánchez Flores, De Gea, Forlán, Kun o Reyes ya habían puesto la primera piedra.

Había que hacer un equipo con los pasillos de seguridad, como diría Luis Aragonés, nuevos. Portero, centrales, medio centro y media punta, junto con un delantero "top" por fichar, para de este modo armar un equipo que pudiese mantener al Atlético en la Champions año tras año y, así, poder equilibrar las cuentas y hacer un modelo de negocio que aspirase a tener aficionados en todo el mundo y convirtiese la marca "Atlético de Madrid" en global.

El éxito había mostrado de manera diáfana el círculo virtuoso. Un título le da notoriedad y presencia al club. Es una caja de resonancia similar a jugar año tras año la Champions, alcanzando

cuanto menos los octavos. Estar entre los dieciséis mejores de la competición genera unos ingresos que te sacan del barro y te permiten abrir mercados muy rentables. Patrocinadores, ventas de palcos, marketing e ingresos adicionales. Dar el salto de nivel, ése era el primer desafío. Dejar atrás a otros competidores y diferenciarse. El objetivo era mucho más ambicioso que ganar. Se trataba de quedarse en la élite.

Manzano arrancaba con Thibaut Courtois en la portería. Venía cedido y nadie entendía nada. Incomprensión para una operación que sorprendía a propios y extraños; teniendo a Joel -Germán Burgos decía que era mejor que De Gea- y a Sergio Asenjo, podían los colchoneros terminar de formar a un jugador del Chelsea. Además, se sucedían los movimientos con Roberto Jiménez. El portero madrileño -hoy en el Olympiakos, cedido– era un canterano atlético y fue cedido al Zaragoza primero, vendido al Benfica, recomprado y cedido finalmente al Olympiakos esta temporada. Casi nada. Son las cosas de los fondos de inversión.

Tibo se ganó a la afición en menos de lo que canta un gallo. Grande, de brazos largos, casi dos metros y con una coordinación prodigiosa. Con 19 años, fue capaz de dejar en nada las caras largas de Asenjo y Joel a su llegada, sin dar opción al más mínimo debate. Filipe Luis dijo de aquélla: "El chaval es impresionante. Muy bueno". La personalidad de Tibo sorprendió a todos y su inicio fue increíble. En las cuatro primeras jornadas de Liga sólo un gol encajado, el de Soldado, para la victoria del Valencia por la mínima. El Atlético de Madrid jugaba en el Camp Nou y los colchoneros no resistieron el azote de Messi y los suyos. En media hora estaban ya en la lona. Una situación que se repetía año tras año.

Aquella época coincidió con mis tiempos en la secretaría técnica de la Roma y en el "staff" de Luis Enrique. Seguir al Atlético era obligado porque el club colchonero pudo haber sido nuestro destino de haberse dado otras circunstancias. Sabíamos los fichajes, Miranda, Arda, Silvio, y algún otro que se me escapa ya estaba acordado. Se hizo un estudio detallado de las altas y las bajas. Las horas invertidas en conocimiento rojiblanco fueron un excelente punto de partida para comprender la etapa del Cholo en toda su dimensión.

De aquel partido -Barça versus Atlético en el Camp Nou- recuerdo que estábamos concentrados en Parma porque al día siguiente jugábamos en el Ennio Tardini con la Roma. El Parma era el rival y enfrente estaba Biabiany. ¡Casualidades de la vida! Otra vez a cruzar los dedos para que no tuviese el partido de su vida. No se dio, era difícil. El partido entre el Barça y el Atlético lo vi con Franco Tancredi, una leyenda de la Roma -está en el "Hall of Fame" del club-, con quien hice una buena amistad. Hablábamos de las historias del "calcio", conocía su trayectoria como portero del club y el respeto que le tenían los aficionados. Me contaba los métodos de Nils Liedholm, un entrenador no muy reconocido en el fútbol español, pero uno de los más grandes de la historia, sin lugar a dudas. Ocupaba el cargo de entrenador de porteros en la "società" y lo compaginaba como ayudante de Fabio Capello en la selección inglesa.

Los intercambios de impresiones sobre porteros era una constante. Habíamos fichado a Stekelenburg, aunque Courtois siempre fue una primera opción. Villas Boas le dejó irse cedido al Atlético con la condición de repescarle en dos temporadas. Ese día, pese a los cinco goles encajados contra el Barça, el mejor fue Tibo. Tancredi y yo estábamos maravillados. "Es un big", me dijo. "Su adaptación es perfecta, pues habla castellano a las pocas semanas", rematé yo. Se hizo el silencio.

Falcao, "el Tigre", firmó la bomba del mercado para los del Calderón. Fue el último en llegar. Venía de ganar el triplete con Andre Villas Boas en el Porto. Goleador europeo, con mejores números que el Kun y el "Niño" Torres, y con una inversión que sólo podía sostenerse con la clasificación para la Champions. Su fichaje, un 18 de agosto de 2011, desató la euforia. Uno de los mejores "killers" del momento, una estrella en toda regla y un futbolista sobre el que descargar todo el juego.

El "Tigre" llegó en olor de multitudes. La otra opción de la dirección deportiva era Osvaldo, punta del Espanyol que se había salido el año anterior tras un paso por el Palermo no acorde con su calidad. Fueron 45 millones de euros, aunque en el traspaso se incluyó a Rubén Micael, que se iría cedido al Zaragoza. Con portero y delante-

ro, el Atlético garantizaba el dominio de las áreas. Pero aún faltaba hacer un equipo.

No fueron las únicas incorporaciones. Pizzi y Arda Turan llegaron del Sporting de Braga y del Galatasaray. No fueron fichajes baratos. Gabi, el más importante de todos, se sumó al proyecto tras salvar in extremis al Zaragoza. Llegaría para ser capitán, toda una vida para estar a la altura del que debe llevar el brazalete. Gabi fue ganando presencia y protagonismo cada día hasta convertirse en el alma del Atlético del Cholo Simeone. Miranda, Diego, Tiago -que ya había acabado su contrato con la Juventus-, Adrián fueron los últimos nombres en sumarse.

Por último, quedaban los que llegaron, pero no aguantaron el ritmo. Fran Mérida, Salvio, que fue vendido, dejando liquidez en la caja, Pacheco o Pulido y Cabrera, centrales hoy en día del Real Madrid Castilla, no pudieron estar a la altura de las exigencias. Se habían ido Kun Agüero, De Gea, Elías, Forlán, Ujfalusi y Jurado al principio de la temporada anterior.

El único infortunio era Diego Costa. El punta se había roto el cruzado en la pretemporada, pero este hecho fue un golpe de suerte para el destino colchonero. Era extracomunitario y su agente le llamó para comunicarle que el club había dado luz verde a su venta a un equipo de Turquía. Horas después, Diego Costa fue a la sesión de entrenamiento previa al partido de la previa de Europa League contra el Stromsgodset noruego, con la mala suerte de romperse. La oferta voló y el jugador se quedó en el club. Ya estaban todos, sólo faltaba el míster.

"A la gente del Atlético la conocemos, siempre estará y siempre está"

"Papá, ¿por qué somos del Atleti?". Esa campaña de publicidad maravilló al gran público desde el primer día, pero siempre estuvo expuesta a una doble lectura. ¿Eran los colchoneros unos perdedores? ¿Se sentían cómodos en el victimismo? No lo creo. Tras dos temporadas y media del Cholo en el banquillo, creo que el primero en no

estar de acuerdo con aquel anuncio de gran calidad era Simeone. Huir de las excusas y desterrar el concepto de "pupas". Nunca se consideró un "pupas". Como bien dijo una vez, "estuve cinco años y gané tres títulos".

El primer objetivo era conectar con la afición, tal y como se había dicho en aquel Tirachinas donde Simeone fue un libro abierto. Este mismo detalle trajo de cabeza a Gregorio Manzano. Su antecesor nunca había entendido lo que la afición le reclamaba. No supo leer el partido y gestionó el equipo desde la agonía de la supervivencia. El accionista mayoritario nunca confió en Manzano, ni en aquellos días ni en su primera etapa. Fue un entrenador provisional en todos los sentidos: para poder ser el sustituto de Quique Sánchez Flores había tenido que aceptar un contrato por un año.

Manzano decidió romper el camino iniciado por Quique Sánchez Flores. La plantilla había cambiado, llegaban jugadores con más talento y que eran más desequilibrantes. Courtois no desmerecía a De Gea, incluso se mostraba más maduro. Falcao era un "killer" que tenía más gol que el Kun. Koke, el canterano al que ahora todos admiran, ya había jugado minutos con Quique la temporada anterior, y Miranda era un gran central que llegaba siendo habitual en la "Canarinha" e indiscutible con el São Paulo. Por último, Diego Ribas. ¡Qué jugador, mamma mia!

El técnico apostó por el 1-4-3-3: renunciaba al juego de bandas. Eso destrozaba a Radamel Falcao. El "Tigre" estaba acostumbrado a los laterales ofensivos y a los extremos del Porto. Con el colombiano tienes que dominar por dentro generando el espacio y el tiempo suficiente por fuera para que el 9 pueda rematar un balón tras otro de los que llegan desde la banda. A Manzano no le salió nada y aun en la victoria se debilitaba cada jornada. La derrota contra el Espanyol fue definitiva. Seguía en el banquillo por la falta de liquidez para pagarle el año completo, y, también, para ganar tiempo y acertar con el sustituto. Dirigió desde el área técnica la derrota contra el Betis, una más, y se enfrentaba al juicio de la afición, ya que el Atlético debía remontar un 2-1 contra el Albacete en la Copa del Rey. Las reuniones se sucedían, Caminero marcaba a Manzano para apoyarle y se reunía con el accionista mayoritario para determinar quién era el sustituto. El Atlético estaba a cuatro puntos del descenso.

Milinko Pantic quería dirigir al primer equipo. En el club consideraron que era demasiado joven y que su trayectoria podía verse cortada de raíz si no era capaz de solventar la papeleta. Este razonamiento afectó a Milinko, que con el paso del tiempo terminó marchándose del club sabedor de que el mejor camino es terminar de formarse y volver cuando sea reclamado. Siempre será en un estado de crisis. Es el precio que les toca pagar a los ídolos. En bonanza hay codos para salir en la foto, pero cuando el barco encalla todos miran al pasado para ver quién es el adecuado para atraer la atención y acallar las críticas.

Sonó el nombre del eterno Benítez. Sin embargo, tampoco fue y quizá ya no sea posible, aunque nunca conviene decir de esta agua no beberé. Rafa se había despedido del Inter, sí, se había ido él, tras ganar el Mundial de Clubes, harto de promesas incumplidas y de la constante interacción de Mourinho con los suyos. Esa marcha reforzó a Benítez. Como una vez le escuché a un amigo, el portugués jugaba al frontón con Rafa, pero el partido ya era de tenis y la derecha de Benítez iba directa a la yugular.

Simeone es de esos, a veces no siempre es la mejor opción; va de frente, siendo el paso del tiempo el que le ha hecho doblar la apuesta y no dejar para otro momento aquellas cosas que le incomodan. No se reserva nada, si no le gusta cómo entrena un jugador, va y se lo dice, por más que no sea el mejor momento. Otro punto de paralelismo con Aragonés, aunque Simeone sea un bilardista confeso.

La única opción era el sentimiento. Cholo Simeone o Luis Aragonés. De aquélla, Luis ya lo tenía todo cerrado con un club de nuestra Liga, pero el inquilino del área técnica resurgió y eso pilló a Luis con el pie cambiado, aunque sabía de sobra que ese tren, el del Atlético, esta vez no era el suyo. Mientras se debatía sobre el perfil adecuado del nuevo entrenador, la afición no abandonaba al equipo. Había que hacer un gol, uno solo, y no encajar. Lo sabían, y por eso el día de autos, el 21 de diciembre, miércoles, contra el Albacete, fueron 32.587 espectadores al Calderón a empujar a los suyos. Alucinante. Así se escribía la historia una vez tras otra en la ribera del Manzanares. El fútbol no deja de ser eso, pasión. Por eso los técnicos y los jugadores que la tienen suelen terminar siendo ídolos. Dedicarle pocas horas nunca fue el camino cuando vives para conseguir la alegría de la gente. Ni en el Atleti ni en ninguna parte.

Horas antes de jugar contra el Albacete ya se sabía que Manzano estaba fuera. El Cholo estaba apalabrado y sería el encargado de dirigir la primera sesión tras el parón navideño. Quedaba pasar la eliminatoria. No había excusa, aunque el técnico se había pasado la semana por todos los programas radiofónicos intentando ganar un tiempo que se le escapaba. Los suyos eran un equipo plano, sin ilusión y que jugaban con una marcha menos que los rivales. Desordenado, sin chispa ni deseo, el Atlético estaba muy lejos de ganarse el respeto del público.

Los enfrentamientos con José Antonio Reyes, los cambios en la alineación y las dificultades para darle un sentido colectivo al equipo eran los males más evidentes en una época donde Manzano no había sabido darle una vuelta de tuerca más a la mentalidad ganadora que había desarrollado el equipo con Quique Sánchez Flores. El partido contra el Albacete fue su último día presencial, porque ya estaba sentenciado desde hacía mucho. Quizás desde que Miguel Ángel Gil había decidido no renovarlo en su primera etapa, cuando se quedó a un gol de clasificarse para la UEFA y de renovar automáticamente el contrato. Eso, en el Atlético, ya no será un objetivo.

El 27 de diciembre fue presentado como nuevo entrenador. Elegante, sereno, reposado y con las ideas claras. "Seremos un equipo agresivo, fuerte, aguerrido y contragolpeador. Lo que nos llevó a los colchoneros a identificarnos con esta gloriosa camiseta". Esa fue la puesta en escena de un Simeone que dijo no estar asustado por el desafío. Tenía "patatas calientes" que resolver. José Antonio Reyes, enfrentado con Manzano, había pedido salir y la oferta del Sevilla estaba encima de la mesa. También se abría un mercado de fichajes y, pese a mostrar interés por lo que pudiera llegar, dijo confiar en el plantel. "Me interesan los jugadores que quieran estar en el club. Tenemos que transmitir desde abajo lo que la gente necesita en la grada". "Si estás conmigo bien. Si no quieres, no me interesa perder ni un segundo". Días después, Reyes sería traspasado al Sevilla con el visto bueno del Cholo Simeone.

En la presentación salió a colación la relación de Simeone y Caminero cuando eran compañeros en aquel Atleti del doblete. El argentino toreó, dijo que habían sido buenos compañeros, pero no era de esos con los que iba a cenar. A otra cosa. Era una historia del pasado que debía quedarse ahí. Caminero se limitó a decir un "bienvenido a casa". Simeone tendría plenos poderes en la gestión del primer equipo y llegaba con Germán "Mono" Burgos y el profe Ortega como equipo de trabajo. Eso dejaba a Caminero un paso por detrás y obligaba al club a reubicar a Juan Vizcaíno y a Rubén Baraja, que eran los técnicos que trabajaban con Gregorio Manzano.

Simeone aterrizó en Madrid junto con Natalia, su hermana, y dejaba en Argentina a sus tres hijos: Giovanni, 16 años por entonces y que, a día de hoy, ya juega en el primer equipo del River Plate, habiendo marcado un gol al Boca en el "superclásico"; Gianluca, de 13 años, y Giuliano, de 9.

Curioso fue cómo el Cholo le contó a su hijo menor la decisión que estaba a punto de tomar. Así lo relata el propio Simeone.

-Flaco -por Giuliano-, te tengo que contar que me llamaron del Atlético de Madrid. Quieren que sea su entrenador.

-¿En serio? ¿Y te va a tocar dirigir contra Messi y Cristiano Ronaldo?

-Si, claro, pero tengo que irme a vivir a España.

Silencio desgarrador. Giuliano sabe que va a perder a su padre en el día a día y ya nunca más volverá a estar acompañado. A día de hoy, gracias a las nuevas tecnologías, la familia cena junta, aunque estén a miles de kilómetros de distancia. Según acaba la temporada, se juntan, es cuando las sonrisas y las miradas no pasan por el filtro del wifi.

Había firmado contrato por esa temporada y otra más, con un salario similar al de Manzano. Era el momento de empezar a escribir la historia con el "Atleti, échale huevos" como música de fondo. Al técnico le importaba ganar, pero su primer triunfo era la comunión de la grada con el equipo. Todos debían empujar. El Atlético estaba eliminado de la Copa y cuatro puntos por encima del descenso. Simeone no tenía miedo, sabía que su momento llegaría cuando el equipo estuviese en una situación de crisis absoluta.

Simeone no pensó demasiado antes de firmar. Aceptó sin más, entusiasmado. Quería ser entrenador del Atlético y eso no admitía pérdidas de tiempo en las cantidades económicas ni en la duración del contrato. Fue impulsivo, lo llevaba dentro y, en cierta manera, el proceso fue similar a su puesta en escena como entrenador del Racing de Avellaneda. El Racing estaba en una situación dramática, a un paso de descender y con el equipo desordenado. Fernando Marín, presidente del Racing, había intentado ficharle hasta en dos ocasiones. Simeone es del Racing y su padre le llevaba a ver todos los partidos. En 2001, cuando el Racing fue campeón, siguió todo el torneo como un hincha más. Pepe Chatruc, mediocampista de aquel equipo, le regaló la camiseta y eso significó una gran alegría para el Cholo.

La situación de la "Academia" provocó que Marín lo intentase una vez más. "No me puedes decir que no esta vez. El club necesita un ganador para sustituir a Fernando Quiroz (técnico por aquel entonces)". "Dale", contestó el técnico. El dirigente se atrevió. Para Marín tampoco era una decisión fácil. Ya era entrenador de su querida "Academia", pero el problema estaba en que seguía siendo jugador. No pudo despedirse, no como él hubiese querido, y eso todavía le pesa. Jugó su último partido y ocho días después ya estaba en el área técnica dirigiendo. "Aunque estoy contento con lo que di, siempre pensé que podía haber sido más", ésas fueron las palabras con las que cerró su etapa como futbolista. Le costó tomar la decisión, lo habló con su mujer y llegó al convencimiento de que iba a sacar al Racing del agujero negro en el que estaba. Igual que Luis Aragonés, se acostó como jugador y se levantó como entrenador.

Necesitó tres días para formar el grupo de trabajo. El profe Ortega fue su primera elección y Nelson Vivas aceptó ser su ayudante de campo. Ya estaba preparado. La del Racing era una apuesta dura. Todo el mundo lo tildaba de loco y los inicios no fueron sencillos,

pero el Cholo aceptó doble o nada. El primer partido era contra el Independiente, el clásico de Avellaneda. Le importaba muchísimo, pero de nada sirvieron la concentración en la montaña ni las charlas a los muchachos. Ese día el Kun se salió y los blanquicelestes perdieron con el Rojo por 0-2. No pasaba nada, o sí, ya que los siguientes partidos fueron para morirse, pues el Racing perdió 3-0 contra el Olimpo y 0-3 contra el Boca Juniors en el "Cilindro", conocido así el estadio Presidente Perón, donde el Racing juega de local.

Ocho goles en contra, ninguno a favor. El debut del Cholo había sido para llorar. Otro se hubiese echado atrás. Entrenar al Atlético no iba a ser una presión mayor que la soportada por el técnico y su equipo de trabajo en su estreno. Al cuarto partido, un empate contra "los Canallas" del Rosario Central. Empate a uno, el equipo había marcado un gol. En el quinto, igualada sin goles contra Lanús, y al sexto, derrota contra el Instituto, que, además, iba último en la tabla. Un gol en seis partidos y sólo un punto sumado, con el agravante que los del Cholo no habían marcado ningún gol ante su afición.

Había que tomar medidas. Reunió al plantel, algunos pensaron que era para decir adiós, y les informó de que se iban concentrados hasta que el equipo saliera del descenso. El profe Ortega y Nelson Vivas lo secundaban. Su familia le apoyaba. Todos recluidos hasta que el equipo saliera del barro. Algunos de los que habían sido sus compañeros le miraban de reojo. La decisión no gustó, pero no había excusa, era el momento de darlo todo por el club, por la gente, y por uno mismo, para encontrar el nivel competitivo. Veinticuatro horas sobre veinticuatro, sólo estaba permitido pensar en el Racing.

La tensión se cortaba, el club vivía un proceso de cambio de dueños y los resultados no llegaban. Se ganó a San Lorenzo, se perdió contra Argentinos Juniors y contra Ginmasia La Plata. Quedaban cinco partidos y los resultados del técnico eran un empate, una victoria y siete derrotas. Sólo dos goles a favor en nueve partidos. El bagaje era absolutamente desolador, pero Simeone seguía en pie. No se desanimó ni cuando la propiedad entrante le comunicó que Reinaldo

Merlo, el "Mostaza", iba a ser el próximo entrenador. Merlo había dirigido a la Academia en 2001 saliendo campeón 35 años después. Era una institución y algunos luchaban para que el Cilindro pasase a llamarse estadio Reinaldo Merlo.

Lo peor no fue la noticia de su no continuidad, sino la reubicación que le ofrecieron a Simeone. Le propusieron ser ojeador. Alucinante, un desprecio que tenía que soportar porque los resultados no habían óptimos. La rabia, difícil de pesar en una balanza, fue la inercia para seguir remando. Quedaban cinco partidos y el Racing, con el Cholo a los mandos, ganaría cuatro y empataría uno, mostrándose intratable. Ganaron en el Monumental de River por 0-2, le endosaron otro 2-0 a Tiro Federal y antes habían ganado a Quilmes por 0-3 y a Gimnasia Jujuy por 0-1. A la quinta fecha descansaron, 1-1 contra Newell´s. El equipo ya jugaba a lo que quería el Cholo, portería a cero y llegar y meter en ataque. Eso de pensar veinticuatro horas sobre veinticuatro había dado resultados, pero esa decisión había dejado muy solo al técnico. Al final, así es el fútbol, nadie quería que se fuera, pero Merlo, el "Mostaza", ya había firmado, y Simeone no era un ojeador. Se fue, pero lo había conseguido. Reinaldo Merlo, su sustituto, fue cesado a los dos meses y el Racing volvió a caer en una depresión profunda. Eso sí, ya nadie quería saber nada de las concentraciones. Estaba convencido de sacarlo y lo sacó. Tuvo ocasión de dirigir al Racing en una segunda ocasión y lo dejó segundo en el Campeonato. Quiere una tercera oportunidad, quizá para ser campeón, con el equipo de su vida. La tendrá. A testarudo no le gana nadie.

"En la vida hay que creer, nunca hay que dejar de creer"

Esa frase la pronunció el Cholo en diciembre de 2006. Simeone era entrenador del Estudiantes de La Plata y peleaba el título con el Boca Juniors. Simeone llegó al Pincharrata de la mano de Julio Alegre. Seis días después de salir del Racing ya era nuevo DT del "Pincha". Era su segunda experiencia como técnico y en su presen-

tación recordó que los hinchas del Estudiantes coreaban su nombre cuando dirigía al Racing. Porque Simeone es un tipo emocional. Es una de esas personas especiales, en las que la sensibilidad y la determinación son las virtudes que las diferencian de otras. Ese detalle le marcó tanto como el día que volvió como espectador al Calderón y se encontró con un recibimiento y un cariño que le desbordaron.

El plantel estaba lleno de veteranos. El secreto del éxito iba a estar en la gestión del grupo. Nelson Vivas, ayudante del técnico, cuenta una anécdota muy significativa sobre una comida de esas que se hacen para hacer grupo. Finalizada la sobremesa, los jugadores se fueron marchando, y ninguno pagaba nada. Faltaría más, ya saben. El acuerdo era que se pagase entre todos. Le tocaba al técnico irse y éste se puso a pagar con una tarjeta "oro". Bonita -así la recuerda Nelson-, pero caducada. Al final tuvo que pagar el propio Nelson. Una y no más, Cholo.

El Estudiantes tenía a la "Bruja" Verón como eje con Sosa, ahora a las órdenes del técnico como lugarteniente, siendo Mariano Pavone la punta del ataque, que consiguió volver loca a toda la defensa del Boca en la final que se organizó porque habían acabado el Campeonato igualados. El "Pincha" jugaba un 1-4-4-2. Los resultados, como en el Racing, tardaron en llegar. Un punto en los cuatro primeros partidos como en la "Academia", pero a la quinta fecha se hizo la luz. Diez victorias consecutivas y un 7-0 contra Gimnasia La Plata, el máximo rival del Pincha, para la historia. Mariano Andújar era el portero, Angelieri, con melena tipo Rambo, el lateral derecho y Rodrigo Braña completaba una muy buena medular. Jugaban creyendo en lo que hacían, iban a por todas y destacaban como bloque.

El Boca tenía el título muy decantado, pero Simeone fue ganándole palmo a palmo en cada rueda de prensa a Ricardo Lavolpe, entrenador del Boca. En el campo, los jugadores hacían el resto. Creían en el milagro. Era un duelo desigual, Simeone era un entrenador novato y el "Bigotón" Lavolpe estaba curtido en mil batallas. Nadie entendió cómo Lavolpe pasó de veterano a novel y Simeone, de becario a maestro, en un desenlace de Liga que empezó con todo un país dando por ganador al Xeneize. Los más osados comentaban que el Campeonato estaba amañado, pero Simeone tuvo la determinación de ir a por todas y convencer a todos los "Pincharratas" de que ese torneo iba a ser suyo.

Quedaban dos fechas y el Boca le sacaba cuatro puntos al Estudiantes. "Los que tengan dudas, que se queden en su casa". Ésas fueron las palabras del Cholo. En la penúltima jornada, el Boca perdió en Belgrano, pero el Estudiantes no pasó del empate contra el Argentinos Juniors. La última sólo permitía el milagro. El Boca, que le sacaba tres puntos al Pincha, tenía suficiente con empatar contra el Lanús en La Bombonera. La jornada fue redonda. El Boca perdió 1-2 con el Lanús y el Estudiantes le ganó al Arsenal de Sarandí por 2-0. Este resultado, 2-0, se repite una y otra vez en los equipos del Cholo. Es el ideal de belleza, blindados atrás y con pegada arriba. El Pincha acababa el Apertura 2006 con sólo doce goles encajados en los 19 partidos jugados. Se jugaría un partido más, el desempate, ya que el Boca y el Estudiantes habían acabado con 44 puntos. Una final con un pique en toda regla. Simeone contra Lavolpe, Estudiantes y Boca se citaron en Liniers. Sólo podía quedar uno.

Aquel desenlace me pilló cerca. Era mi viaje de novios, pero la atención se me iba con el fútbol. Sin embargo, sigo casado. Recuerdo que le puse voluntad, la idea era desconectar, pero aquel Apertura estaba apasionante, era más que fútbol. Una batalla psicológica en toda regla donde Lavolpe se llenó de presión y dijo aquello de que no había ninguna posibilidad de que el campeón fuese otro distinto al Boca. Si no ganaba, se iba, y se fue. Simeone consiguió quitarles toda la presión a los suyos para metérsela al Xeneize, y ahí estuvo el principio del fin para estos últimos. El Estudiantes jugaba para la gloria y el Boca, para evitar el fracaso. Increíble cuando era una final donde los que ganan, triunfan, y los que pierden, fracasan.

Fue su primer éxito. El Cholo celebró aquel gol como nunca celebraría otro. Sus equipos ya habían marcado muchos goles antes, pero ése era el primero. Hacía diez años que el Estudiantes no le ganaba al Boca Juniors. Empezaron perdiendo 1-0, para aumentar la sensación de haber estado nadando para morir en la orilla, pero una vez más dierton la vuelta al marcador. Fue de película, aquella temporada bien podría haber sido guionizada para ser el "Hoosiers" del mundo del fútbol. Aquel Estudiantes sería el ideal de belleza para el Cholo. Fue el equipo con el que más identificado se sintió porque logró llegar a ser todo lo que Simeone sentía. Según sus propias palabras el "Pincha" fue un equipo práctico, comprometido, con esfuerzo colectivo, con talento y que lo hacía fácil.

Un día después se jugaba la final de la Copa Intercontinental entre el Barça de Rijkaard, con Ronaldinho al mando, y el Internacional de Porto Alegre, y los azulgranas volvían a perder, como había sucedido en el 92 contra el São Paulo de Raí. El Estudiantes de La Plata y el Internacional de Porto Alegre acabaron en boca de todos. Fueron los dos equipos de aquel mes de diciembre en un tiempo donde todos esperaban que ese mes sólo tuviese un nombre: Ronaldinho. Curiosamente, el Barça rompería la maldición en 2009 y sería campeón del Mundo contra el Estudiantes que dirigía Sabella.

No fue la única prueba de supervivencia. Meses antes de firmar por el Atlético había cogido al Catania en apuros, con tres puntos por encima de la permanencia y una racha de muchas jornadas sin sumar, en la que fue su primera experiencia europea. En el Catania estaba Mariano Andújar, portero del Estudiantes con el Cholo, el Papu Gómez, con quien había coincidido en San Lorenzo, el "gallina" o el "alemán" Maxi López y un sinfín de argentinos que hacían del Catania un club europeo con el ADN más albiceleste. Todos ellos ya sabían quién era Simeone y eso facilitó el trabajo de campo. Con el "Papu" Gómez había tenido que bregar cuando lo había dirigido en el "Ciclón". El "Papu" era todo talento, un virtuoso rebelde que no quería jugar en banda. "Soy segundo delantero, así jugaba en el Arsenal de Sarandí". El Cholo pensaba que donde más podía ayudar al equipo era en banda, pero ahí el Papu no quería jugar por dos motivos: uno, había que bajar a defender; dos, la portería le pillaba lejos y eso le alejaba del gol y la celebración. Pensaba en él. Y eso el Cholo no lo consiente. Como se verá más adelante, antes el hombre que el nombre.

La experiencia en el Catania fue un visto y no visto. Llegó, hizo competir al equipo y lo dejó en el undécimo puesto, dejando el objetivo de la permanencia conseguido con varias jornadas de antelación, contra todo pronóstico. El desafío del Catania no fue sencillo. El 30 de junio, sólo cinco meses después, Simeone decidió marchar, pero esa experiencia fue más que suficiente para saber que en el Atlético él debía ser el capitán.

"El esfuerzo no se negocia, ni tolero el conformismo. La pasividad está alejada de mí"

El 29 de diciembre de 2011 el club abrió las puertas del Calderón para los que quisiesen presenciar el primer entrenamiento de Diego Pablo Simeone. Superada toda la parafernalia, empezaba la prueba de campo. Ahí donde no se puede mentir. Los jugadores saben desde el primer discurso si el entrenador les ayudará a ganar o si saldrá más pronto que tarde sin aportar ese valor añadido que deben aportar los que dirigen desde el área técnica.

Si no puedes ayudar, al menos no molestes. En los códigos del fútbol se valora no restar como un argumento decisivo en la elección de un nuevo comandante para el banquillo. No molestar a los jugadores, sacar siempre a los buenos y fomentar la calma en lugar de la competencia interna convierten la labor del entrenador en otra profesión muy distinta de la de aquellos que quieren llegar al jugador, ayudarles a ganar y darles solución a todos sus miedos. No son estilos diferentes, sino más bien diferentes niveles de preparación y motivación para coger a unos chicos y llevarlos a lo más alto con el mínimo protagonismo, ya que el fútbol es de los jugadores, pero hay que añadir que también de los líderes.

Simeone es de estos últimos y así lo demostró desde el primer entrenamiento. Al mismo asistieron 5.000 personas que no pararon de animar y festejar lo que todos deseaban que fuese una nueva era. Fue el primer encuentro entre Reyes y Simeone, aunque como antes apuntábamos ya era un tema de despacho. Diego Costa, que se encontraba recuperándose de una lesión, se entrenó al margen y del filial subieron Manquillo y Noguera. Estaban todos. Ese día el Atlético en crisis tenía a todos los que serían campeones en el campo de entrenamiento, pero nadie lo hubiese creído de aquélla.

La primera sesión de entrenamiento no difirió en exceso de la última. Simeone y su equipo de trabajo son ahora más precisos y tienen un mayor control sobre la situación, cosa imposible para el primer día. Los jugadores a día de hoy ya saben lo que quieren y ahí está la diferencia, ya que el Cholo llegó con una metodología que no pretendía cambiar la manera de entrenar, que también, sino, y sobre todo, la manera de entender la profesión. En una semana le habían dado la vuelta al calcetín, era otro equipo, aunque todos sospechaban que era una mini-pretemporada navideña. Los que conocían al Cholo, Falcao entre ellos, sabían que ese manera de entrenar se iba a convertir en la rutina diaria.

"El talento depende de la inspiración, pero el esfuerzo depende de cada uno", es una cita de Pep Guardiola. Ganador de todo en el Barça y con todos los números para hacer historia en el Bayern. Es de la otra escuela. Diferentes como jugadores, Pep era un mediocentro que se preocupaba de que la pelota saliese limpia, prohibido mancharse, ni siquiera rozar al oponente, para que el balón circulase de una lado a otro a la velocidad de la luz. Simeone lo ganaba todo en el cuerpo a cuerpo, quería roce, batalla, y que cada balón fuese tratado como el más importante. Como entrenadores eligieron entender el fútbol tal y como lo habían jugado, así que los puntos de encuentro entre ambos tenían que ser el compromiso y la dedicación. Ahí, ni uno ni otro permitían menos. La base de todo está en el entrenamiento.

Así entrena el Atlético de Simeone

Exigencia alta, máxima intensidad e ideas muy claras. El Atlético entrena como juega, nada queda al azar, todo tiene una intención. Las sesiones de entrenamiento son la sala de máquinas para que en el partido sean once los rojiblancos que ataquen y defiendan. Hay "feeling" entre jugadores y técnicos, en los entrenamientos se percibe que todos van al unísono con el objetivo de cumplir con las consignas del técnico. Se perciben un guión, una coherencia y una transferencia. Ese es el mayor éxito del Cholo: más allá de los títulos está un equipo que entrena como juega.

Control del peso, pautas de nutrición estrictas y sanciones para aquellos que no cumplan con el peso. Las sesiones son grabadas en vídeo y supervisadas después por el cuerpo técnico. Una vez en el campo, es el profesor Ortega el que manda en la sesión, una parte física con incidencia del trabajo de fuerza y estabilización, así como incidencia de las carreras grupales con acento individual. La prevención de lesiones es una parte del entrenamiento troncal. Ahí no se escapa nadie. El profe Ortega define las cargas a aplicar, el volumen y la intensidad de la sesión de entrenamiento.

En el fútbol actual la metodología que emplean los equipos es la integrada. Ha llegado, desde la escuela portuguesa, la periodización táctica. En ambas la duración de los entrenamientos no va más allá de los 80 minutos. Se buscan ejercicios que representen la competición y obliguen al futbolista a vivenciar una y otra vez las situaciones del juego con las que se va a encontrar en la competición.

El profe Ortega huye de todo esto. Es un aprendiz que ha recorrido medio mundo. Uruguayo, nacido en Montevideo, es experto en fisiología. Cumple su tercera etapa en España, adonde llegó para ser preparador físico del equipo que dirigía Marcos Alonso. Más tarde, regresó en la primera etapa de Gregorio Manzano y ahí conoció a Simeone, ya que éste había vuelto al Atlético a cerrar su trayectoria profesional. En esa etapa, el Cholo llegó a jugar de líbero al más puro estilo Pasarella. Era ya un entrenador que jugaba. Aprendía y estaba atento a todos los detalles, como siempre con anterioridad, pero ahora ya quería hacer un grupo de trabajo. Y así descubrió Simeone al profe Ortega.

Ahora es una autoridad y un bastión fundamental en los éxitos de los equipos que dirige. En pretemporada combina las dobles sesiones con las triples, siendo la primera en el césped, a las 07.45; la segunda, en el gimnasio, a las 10.30, y un último entrenamiento de campo, a las 18.30. Conocidos son sus circuitos, fuerza elástica y dirigida mezclada con acciones analíticas del juego. En Los Ángeles de

San Rafael -lugar tradicional de la pretemporada colchonera- todos se van exhaustos a la cama.

Exigencia y afecto, ésa es la receta particular del profe Ortega. Un preparador que sabe ganarse a los futbolistas, en buena parte, porque el Atlético empieza bien los campeonatos y los acaba mejor, y en el día a día sabe estar cerca de cada uno sin que eso implique una confusión sobre el papel de cada uno. Le aprecian. Para Simeone es el más importante. Llevan juntos desde el primer día, pues empezaron en el Racing de Avellaneda en la temporada 2005-06, para ganar el título con el Estudiantes de La Plata en 2006 y con el River Plate en 2008. Éste fue el último título de los Millonarios; luego llegaría el descenso a la serie B. Más tarde se fueron a San Lorenzo y de ahí directos al Catania, para terminar en el Atlético, como no podía ser de otra manera.

Es habitual que las sesiones duren más de dos horas y que la intensidad sea máxima. Con el Cholo hay que correr y no se admiten deslealtades. Simeone está siempre presente, por más que el profe Ortega lleve el timón. El técnico está muy metido en la sesión, implicado al máximo y dando voz a cada proceso. El compromiso se mide en el día a día. El objetivo es superarse y no dejar nada al azar, aunque el técnico respeta los ciclos de entrenamiento diseñados por el Ortega.

En febrero-marzo de 2014, tras perder en las semifinales contra el Madrid y superar al Milán en octavos de la Champions, Ortega le dijo a Simeone que los suyos necesitaban un ciclo de recuperación porque los encontraba cansados. El míster le contestó de manera rotunda: "Más caña, tenemos que volar en este final de temporada". Y el profe lo transfirió a la plantilla en el siguiente entrenamiento: "No quiero mariconadas, somos el Atlético".

Tras eso, la parte táctica. Partidos de 8x8 y de 10x10 podrían ser un ejemplo habitual. Ejercicios en 30 metros, la premisa es que su equipo se mueva junto, nada de fisuras. Simeone hace correcciones constantes, ni muchas ni pocas, las justas. Es preciso y su voz siempre aporta una acción de mejora. Es el referente, el líder de un grupo que cree en sus ideas. Quiere fuerza en la recuperación,

intensidad en el juego y velocidad arriba, estos son los patrones básicos de un grupo convencido de que juega según lo marcado por su técnico.

La táctica le obsesiona, por algo lleva un 5 dentro. Le apasiona lo que tiene de ajedrez el fútbol, un deporte donde nada sucede por casualidad. Si los adversarios fallan y no estás bien colocado, poco o nada pasará, salvo que el adversario haga el trabajo por ti y decida meterla en propia puerta. Simeone se fijaba ya siendo niño en el juego del vértice bajo, del mediocentro defensivo. Además, fue la posición en la que se inició; siempre en diagonal, atento al cruce y a la cobertura de sus compañeros, una posición en la que tienes que ir una o dos jugadas por delante para estar siempre donde pide la jugada. Llegó a Primera como 5, pasó a ser un 8, y Bilardo, a las primeras de cambio, le metió de centrocampista por la izquierda. Al final terminó jugando de todo menos de portero y de 9.

La recuperación es el origen de todo. Ahí está la fuerza de un colectivo. Entrena siguiendo el 1-4-2-3-1 y compite con el 1-4-1-4-1. El matiz es importante, ya que define la altura de la presión. Los suyos dominan la defensa con dos líneas de cuatro. Lo ideal es meter la primera línea de cuatro a 40 metros de Courtois, el trabajo de línea es básico, achicar cuando hay pase atrás y cerrar los pasillos interiores.

El Cholo quiere que el rival se vea obligado a ir por fuera y que una vez allí la presión colchonera provoque la pérdida por estrangulamiento contra la línea lateral.

Todas a Falcao. Ahora a Diego Costa. Ellos son el jugador a buscar tras la recuperación. Recuperar y salir, la obsesión es que el primer pase sea para Radamel y que éste sea la continuación de la jugada. Si Falcao recibe de espaldas, hay que tocar de cara y esperar que los de la segunda línea se incorporen como auténticos aviones. Si por el contrario Falcao puede recibir de cara al marco contrario, no queda otra que finalizar en pocos toques. Lo practican una y mil veces, Falcao es la piedra angular, el jugador que marca la transición defensa- ataque, un futbolista sobre el que descargar y soñar con que todo es posible.

Hay que correr. Lo escribo una vez más, pero el Cholo lo repite cientos de veces. Correr y cerrar los espacios interiores; correr y cambiar el ritmo para quitarle un metro al rival antes de que controle; correr y salir en velocidad para que ese contraataque sea gol. Creer, en definitiva.

Se exige un nivel de actividad alto. Carriles ofensivos, jugadores corriendo la contra una vez que el balón es del 9, o laterales largos subiendo cuando el ataque es posicional. Ofrecer líneas de pase y jugar vertical. Agresividad en la finalización y ambición para soñar, la mentalidad es ir partido a partido únicamente. Creer que todo es posible pasa por jugar cada partido como si se tratase del último que se juega.

La traslación de los entrenamientos a los partidos pasa enteramente por los calentamientos. Ahí Ortega ejerce de motivador. Les lanza mensajes, uno tras otro, que meten de lleno al jugador en la faena. Los medios ya le han grabado en más de una ocasión, pero los jugadores saben que su "profe" es así. No busca el elogio mediático ni un protagonismo que no le corresponde. Simplemente les ayuda a entender que juegan en un equipo donde la exigencia es estar preparado para dar el cien por ciento físico, sustentado por unas emociones a flor de piel que aseguran que cualquier enemigo es menos. Esa mentalidad ha llevado al Atlético a ser campeón.

"Si no puedes comprar a los mejores jugadores, haz mejores a los tuyos"

Simeone no le prestó demasiada importancia al mercado de fichajes a su llegada. Tenía un mes para fichar, pero el técnico centró toda su energía en el plantel. Tenía a los jugadores, como pudo verse después, pero estos no tenían ni el orden, ni el esfuerzo como rutina, ni la ambición en las venas para ser campeones. Paso a paso, entrenamiento a entrenamiento, con charlas individuales y colectivas, y la premisa de sumar valor. Lejos de bajar el ritmo, el técnico apretó más. Las sesiones se hacían a puerta abierta en un principio, ya que Simeone siempre ha pensado que lo mejor es dejar entrar a todo el mundo.

Prensa y aficionados, todos supervisando la labor del técnico para que después tengan criterio en las valoraciones de los partidos. Se siente cómodo el Cholo si todos saben lo que se trabaja por la semana, ya que ese conocimiento les da otra visión para evaluar al equipo. Últimamente, con el crecimiento competitivo de los colchoneros, esa visión ha cambiado. De las puertas abiertas y algún entrenamiento a puerta cerrada, donde se trabajaba en la estrategia y algunos aspectos tácticos de preparación de partido, se ha pasado al hermetismo más absoluto. El equipo entrena alejado de los medios y los aficionados, siendo difícil estar cerca de los jugadores.

El proteccionismo, finalmente, se ha impuesto, pero de puertas hacia adentro el mensaje lo es todo. La honestidad es la condición en la comunicación. Acción-reacción, así es el fútbol y así se maneja en el cara a cara el Cholo. Cualquier problema lo ataja, mejor ayer que hoy, va de frente y no duda en sincerarse con el futbolista. Es entrenador, le pagan por tomar decisiones y no hay nada peor que dejar que los problemas se enquisten. Tampoco tiene sentido mirar hacia otro lado, porque nada se soluciona solo. Existen los impulsivos y los racionales, dos maneras de entender la vida; los primeros tienen más peligro, pero a la larga suelen ser gente de fiar. Se sabe por dónde pisan y eso, en un mundo de tantos egos, suele ser el camino correcto, aunque el más difícil, ya que, si no tienes el poder y la confianza de los que mandan, estás acabado.

Todo sigue un orden. El bloque siempre se impone. En las concentraciones, una única mesa para que la conversación sea de todos. Nada de grupitos, ni mesas pequeñas, nada de juntarse por nacionalidades o afinidades. Compartir, vivir juntos y entender que la dispersión es la muerte del grupo. Cuando te dividen estás vendido, y ésa suele ser la táctica del enemigo, y cuando ocurre en el propio grupo es la maldición para el equipo, ya que a quien le entra ese mal no tiene ninguna opción de alcanzar la excelencia. Siempre será menos de lo que podría haber sido. Las comidas en restaurantes, las parrilladas y los asados con la prensa como testigo no son más que la constatación de que "reunión de pastores, oveja muerta".

Simeone es bilardista, por lo que puede llegar a ser tan insistente y persuasivo como el Narigón. Bilardo insistía, repetía, se volvía loco

para que el jugador la viese venir y estuviese preparado para cuando llegase el momento. Así pasaba con los vídeos, de aquélla de VHF, que pasaba el Doctor a su plantel. La estrategia, los errores, la búsqueda de la perfección.

Bilardo hizo debutar a Simeone con la albiceleste y se quedó muy cerca de llevarlo al Mundial de 1990. No fue, pero jugó los tres siguientes a las órdenes de Coco Basile, Passarella y el Loco Bielsa.

En 2011 Bilardo quiso que nombrasen seleccionador al Cholo. Así lo peleó de manera privada. Había cogido otra vez vuelo con Grondona después del azote que había sido la salida de Maradona como seleccionador argentino. Grondona había apostado por Diego en 2008, pero le puso a Bilardo para las tareas de control. El matrimonio duró poco, la relación de ambos siempre había sido de amor y odio, de traiciones, si se suma a Grondona para completar el trío. Los desencuentros empezaron en la Copa América de 1987, cuando el técnico saturó al de aquella D10S. Maradona siempre lo había visto como una amenaza y quería dejarlo sin coartada, así que, superada la fase donde Bilardo estaba desplazado por Maradona, su voz volvía a tener peso. Su nombre: Simeone. Algún día será el seleccionador, pero, como bien sabe el Cholo, ese cargo no es el adecuado para los que aman el día a día. Ese puesto no es de entrenadores, sino de alineadores. Parece lo mismo, pero no lo es.

Las charlas individuales se suceden. Forman parte del método. Simeone, como Guardiola o Arrigo Sacchi, no duda en hablar con el jugador. Lo hacen sin miedo, ya que el conocimiento les respalda. Llegar al jugador es el meollo, la condición sine qua non para que los tuyos rindan. Ni tácticas, ni entrenamientos, ni vídeos de preparación: la clave es llegar al jugador. Si el futbolista te escucha, es fácil conseguir que el grupo te siga. Y todo eso se hace desde el fútbol. El jugador no deja de ser un profesional que ha llegado hasta ahí a partir del talento y la constante mejora de lo que de niño era su juego favorito.

Muchas horas de dedicación, el fútbol en la calle, que tanto reclamó Cruyff, fue el origen de todo. Si no cogías el balón y te ibas a la calle a jugar, no podías soñar con ser un profesional. Nadie se lo planteaba de aquélla, todos iban a la calle porque el fútbol lo era todo en sus vidas y eso, eso mismo, que los suyos vivan para enganchar la pelota e ir a entrenar es lo que persigue el Cholo y todos aquellos entrenadores que suelen ser etiquetados como "pesados" o "enfermos del fútbol". No deja de ser una manera de vivir, cuántos y cuántos amigos hemos hecho a partir de este deporte, no hay nada más que vestir la misma camiseta. Hagan la prueba, dividan a la plantilla en dos equipos, pónganles una equipación oficial a cada uno con sus colores y escudos: terminan enfrentados, luchando por su causa, y será sencillo ver a desconocidos que unen fuerzas y estrechan lazos para superar al oponente.

No es el pensamiento lateral, pero en el sustrato del fútbol están los partidos eternos entre clases del colegio enfrentadas en el patio, de equipos de barrio que compiten por la victoria o la rivalidad entre equipos que comparten territorio. Es una lucha de clases en toda regla, donde cada uno quiere ser más. El Cholo siempre ha tenido claro todo esto y por eso la primera lucha fue por la identidad. "Somos el Atlético". Ahora ya todos entienden la dimensión, no es una referencia histórica ni tiene que ver con el pasado. Esa sentencia indica muchas cosas. Piénsenlo, ese "somos el Atlético" indica batalla, presión, disciplina y un equipo muy complicado de ganar.

Un error común es aludir al pasado cuando el presente no tiene consistencia. No es más que una muestra de debilidad. La fuerza reside en que la gente piense que haces alusión al pasado, pero no estás hablando más que del presente. Simeone siempre ha dicho que quería recuperar los valores que en el Atlético habían enamorado al seguidor en el pasado. Quería rescatar ese estilo que había hecho especial a la entidad; sin embargo, su mensaje tenía trampa. En lugar de decir "éste es mi estilo y lo voy a imponer cueste lo que cueste", vistió el fútbol en el que creía de rojiblanco y lo emparentó con la historia del club. Magistral.

El Atlético de Antic, el del doblete, no era un equipo de contraataque y su estilo tenía un cierto punto de particular. En la etapa de Quique Sánchez Flores el Atlético ganó títulos europeos a partir del

orden, la estructura y la calidad de los jugadores. El contraataque siempre ha sido parte de su ADN, pero existen muchas maneras de entender la defensa para facilitar unas acciones ofensivas que muchos etiquetan como ataque cuando en realidad lo que quieren decir es contraataque. Fueron equipos que dejaron huella.

Tomislav Ivic, en la temporada 1990-91, llevó hasta las últimas consecuencias el repliegue y el contraataque. El equipo era muy defensivo, en exceso, siendo el contraataque con pocos jugadores la única manera de llegar a la portería contraria. Ahí, con todos arrimados al portero, se dio el récord de imbatibilidad de Abel Resino. Schuster llevaba la manija y Futre corría al contraataque. Era una sociedad mágica a la que después entrenaría Luis Aragonés y de la que siempre diría que el que sabía de fútbol era Paolo. Las cosas de Luis.

Si a la sociedad le faltaba gol, ahí estaba Manolo. Especialista éste en hacerse espacio en el área, en desequilibrar a los rivales con un simple toque o con un desmarque de los buenos. Cruyff, por aquel entonces, convirtió a Manolo en eterno a partir de su teoría del fútbol en una charla con los suyos. "Si lo que hace bien Manolo es desmarcarse, pues lo tienen sencillo. Déjenle solo. No le marquen". Asunto resuelto. El "Flaco" es grande. Talento e ingenio. Curiosamente, el Cholo llama "Flaco" a la mitad del mundo que se le cruza en el camino.

El equipo de Ivic quedó subcampeón de Liga y en la Copa batió al Madrid en la primera ronda. Llegaba la semifinal contra el Barça, ya eran campeones, y el técnico balcánico tuvo una bronca en el vestuario de las que tienen eco en todos los medios. Tuvo que irse, ése no era el estilo. El Atlético es equipo de jugadores con talento, que no aguantan ese tipo de juego, y si para defenderlo tienes que fichar a mediocres, ya no eres el Atlético.

En las semifinales el técnico interino fue Iselín Santos Ovejero. El equipo, ya liberado del corsé, ganó por 0-2 en el Camp Nou, aunque en la vuelta el Barça de Cruyff se puso 0-2 en un abrir y cerrar de ojos, siendo Manolo, el goleador, quien consiguió el gol que daba el pase a la final de la Copa del Rey a los del Manzanares. Jugarían contra el Mallorca en el Santiago Bernabéu. Aquella final me tocaba de pleno. Si ganaba el Atlético, el Oviedo se clasificaba para disputar la Copa de la UEFA. En la ciudad todos esperaban una victoria de los colchoneros, pero tardó en llegar, ya que el Mallorca, un club que siempre se ha cruzado con el Oviedo en los momentos más importantes de su historia reciente, plantó cara y los bermellones resistieron hasta que en la prórroga Alfredo empujó a la red un rechace del gran Ezaki Badou, tras jugada de "Juanito" Sabas, compañero mío en la actualidad en la cadena COPE. El Oviedo estaba en la UEFA. La ciudad lo celebró como si fuese rojiblanca, pues jugar en Europa era un objetivo insospechado. Uno de mis grandes amigos, Luis Manuel, jugaba en aquel equipo. La clasificación para la UEFA tenía como premio un coche de la marca Volvo. A día de hoy, cuando llega con "la máquina", siempre salen a colación ese coche y los recuerdos de aquel gol de Alfredo Santaelena. Meses después, el Genova echaría al Oviedo en la primera ronda, pero a veces una eliminatoria es suficiente para dejar huella. El Atlético conseguía el primer título de la era Jesús Gil tras cuatro años de mandato, pero también la constatación de que los colchoneros nunca pueden ser un equipo que lo base todo en el "catenaccio".

Este Atlético, el de hoy, no juega como marca su historia, con profundos altibajos, sino tal y como quiere Simeone, que no cayó en el error de decir que el equipo iba a jugar tal y como él veía el fútbol. Hubiese sido un error mayúsculo. En el primer mensaje ganó tiempo, mucho tiempo, ya que nadie cuestionó la manera de jugar porque, simplemente, era la del Atlético de toda la vida. Como se trataba del Cholo, se lo creyeron y nadie cuestionó nada, ni siquiera en los días en los que el equipo no estuvo brillante.

Así funciona esto, ser preciso con el mensaje te hace ganar tiempo o ir a remolque desde el primer día. ¿Se imaginan que Van Gaal en el Barça hubiese dicho que él sólo quería que los suyos jugasen como el Barça de Cruyff? No lo hizo, el Barça tenía que plegarse al fútbol que veía Van Gaal y éste, creyendo ingenuamente que la Champions con el Ajax le daba credibilidad, empezó perdiendo desde el primer día.

Dio lo mismo que tuviese un equipazo y que ganase dos ligas siendo un trabajador incansable, porque la gente no se identificaba con ese Barça porque no era el suyo, sino el de Van Gaal. Y era un 1-4-3-3. Los goles venían de la segunda línea, sacaban la jugada desde atrás. Había extremos y mucho talento. Pero no hubo manera. Simeone había ganado por la mano a todos y, a día de hoy, pocos se han dado cuenta de que el Cholo les robó la cartera el primer día.

Es el fútbol en el que cree, una vez que llegas al jugador y demuestras tu capacidad sólo queda rematar la faena con el convencimiento. El míster tiene que creer, estar implicado y mostrarse emocionado. Todo ello, sin perder la perspectiva, ya que son básicos el alejamiento y la distancia. Los jugadores deben pensar que su entrenador les mete toda la pasión, pero también deben detectar en él la frialdad suficiente para detectar las oportunidades que nadie ve. Eso sólo se hace desde la reflexión, por eso el dominio del juego de caliente-frío hace válida o inválida la toma de decisiones. La pasión no se puede impostar, pero los jugadores no quieren un "forofo" en el banquillo, sino a alguien que sepa llevarles a la victoria.

"Jugar bien es saber a lo que jugamos. El convencimiento siempre gana a las formas"

7 de enero de 2012, La Rosaleda. El rival era el Málaga. Ahí debutó el Cholo como entrenador colchonero. La preparación del equipo iba a contrarreloj. Los mensajes en las sesiones de entrenamiento se sucedían. "Prefiero jugar bien a jugar lindo", "un pase lateral es una pérdida de tiempo", "jugar en horizontal es una oportunidad para que el rival nos haga gol". Los mensajes eran tan insistentes como la repetición constante de los automatismos defensivos. Simeone quería armar desde atrás al equipo.

La expectación era máxima, pero lo más sencillo era que el Atlético no ganase. Al Cholo siempre le había pasado, y un servidor lo había experimentado en los clubs en que había entrenado. Nada relevante, equipos de formación cuando era muy joven, pero me identificaba con los procesos que necesitaban los conjuntos del Cholo para soltarse. Con 19 años, cuando decidí dejar el fútbol, empecé a entrenar

juveniles. Gente de mi edad. El tren del fútbol había pasado para mí, ya que tuve mi momento fichando por el Valencia con 16 años. Vivía en Oviedo y, casualidades de la vida, compartí habitación en Paterna con José Antonio García Calvo, que posteriormente sería uno de los ídolos del Calderón. Pero aquello se acabó, nada tuvo que ver con el fútbol ni con nuestro rendimiento. José Antonio fichó por el Madrid y yo, decepcionado, me metí a entrenador. En Paterna entrenaba con el sub-19 y con el Segunda B, pero no me perdía ni uno solo de los entrenamientos de Hiddink. Apuntaba los ejercicios, los tiempos de recuperación, las series. Todo.

Cuando me puse a entrenar, yo creía en Arrigo Sacchi, el maestro. Así que mis equipos basculaban, cerraban espacios interiores, achicaban y replegaban, corrían mucho más que el rival. Aquel trabajo defensivo agarrotaba al equipo, porque los jugadores necesitaban pensar y eso hacía que la portería contraria estuviese a mil kilómetros de distancia. Se necesitaba tiempo para que los jugadores interiorizasen el trabajo y se soltasen en ataque. Jugar sin pensar es el principio del rendimiento, así que, como mi experiencia como entrenador me dictaba, era fácil prever que los equipos del Cholo necesitaban ese proceso.

Hubo un tiempo para entrenar, pero terminé haciendo lo que más me gustaba, enseñar a los más pequeños. Transmitirles todo el fútbol que llevo dentro. Eso me apasionaba y, a la par, me daba oportunidad de volver a jugar. Empecé con el fútbol sala y no fue mal. Aprendí el juego de posición y eso me ha servido para entender el estilo Barça con una claridad diáfana. Diagonales y paralelas, búsqueda de la superioridad y un camino donde uno se juntó con amigos y acumuló siete ascensos en otras tantas temporadas. Entrenador y jugador, preparador físico por titulación y un incomprendido en ocasiones, porque al no haber jugado en la élite algunos piensan que soy un producto de laboratorio, cuando en realidad sigo siendo capaz de cualquier cosa con tal de jugar un partido o de entrenar a un grupo de chavales.

Aquel partido, el del debut del Cholo, me tocó comentarlo en la

Cope. Expuse la dificultad para ver un buen equipo. El míster había trabajado los fundamentos y cuando haces esto, no queda otra si quieres formar un equipo competitivo, no tienes en cuenta al otro y no dejas de saber que los tuyos estarán lastrados por la sobrecarga táctica aplicada durante la semana.

Así se dio el partido. Cero cerísimo en el marcador y un gol anulado a Falcao. El Atlético iba perdiendo metros con el paso de los minutos. La intención de ser un bloque -las dos líneas de cuatro fueron reconocibles durante gran parte del partido- se consiguió, pero se veían demasiados espacios interiores. El equipo había mejorado a nivel colectivo, pero faltaba un punto más de intensidad individual y colectiva. En ataque faltó soltura, conexión y, en cierto modo, se abusó de enviar balones divididos a Falcao. Weligton y Martín Demichelis son centrales que dominan el juego aéreo frontal y jugar directo al "tigre" fue un plan que facilitó la defensa malagueña, ya que las rebotaron todas para no dejar ninguna opción ni a la prolongación ni a la segunda jugada.

La disposición del Atlético contra el Málaga en defensa

MÁLAGA C.F. - ATLÉTICO DE MADRID

Liga BBVA. Jornada 18. 2011/2012

8-1-2012

FASE DEFENSIVA

Primera alineación de Simeone.

BLOQUE DEFENSIVO EN 30m

Juanfran* 14

Los interiores cierran la espalda del lateral cuando el balón está en el otro lado.

13 Courtois

21 Perea
2 Godín
18 Domínguez
6 Filipe Luis

14 Gabi
5 Tiago

20 Juanfran*
5 · 14 · 22
Variante 1-4-1-4-1
8 Salvio

9 Falcao
22 Diego Ribas

9 Primera punta en la presion

FASE OFENSIVA

La primera idea

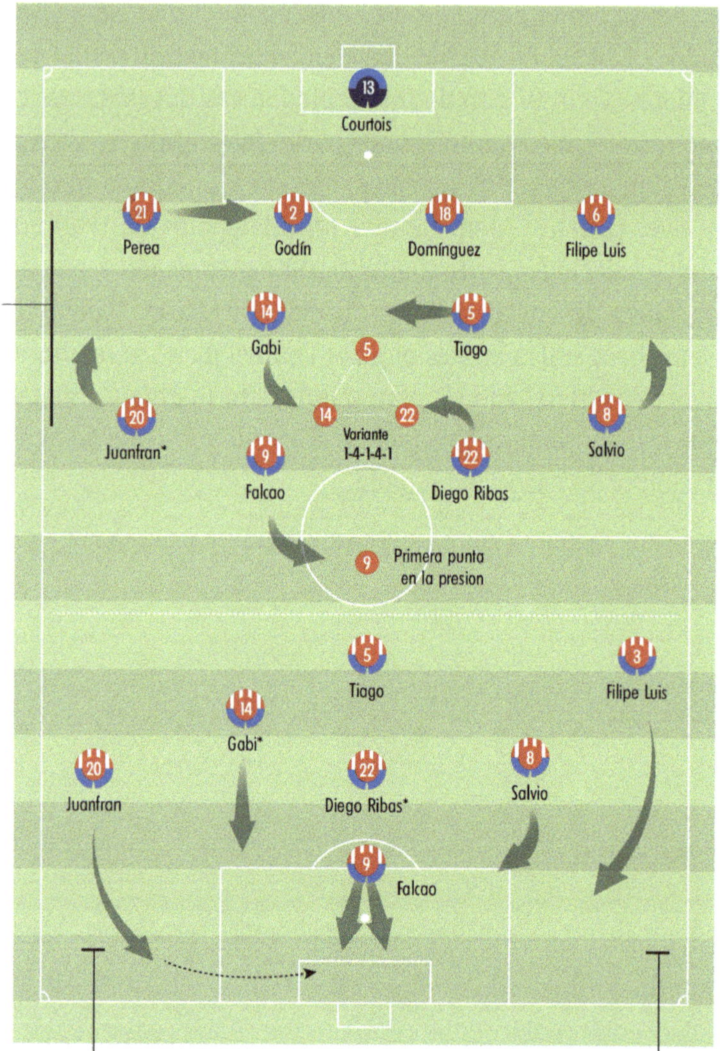

5 Tiago
3 Filipe Luis
14 Gabi*
20 Juanfran
22 Diego Ribas*
8 Salvio
9 Falcao

1x1 vs. Monreal

La amplitud la daba Juanfran por la derecha.

Gabi* 14

Incorporaciones y falta táctica para evitar las transiciones.

Diego Ribas* 22

Ejerció de media punta. Fue un '10' en toda regla.

2x1 vs. Jesús Gámez

Aquel día, el primero, la alineación fue la siguiente: Courtois; Perea, Godín, Domínguez y Filipe Luis; Salvio, Tiago, Gabi y Juanfran; Diego Ribas; Falcao.

La disposición táctica elegida era el 1-4-2-3-1, aunque en defensa Diego Ribas subía línea y presionaba junto con Falcao en la punta del ataque para dibujar un 1-4-4-2. Todos en 30 metros. Tal y como habían ensayado. Cuando la presión era en campo contrario, Tiago pasaba al mediocentro y Gabi subía línea formando un 1-4-1-4-1. Dentro de las curiosidades estaba la alineación, por primera y última vez, de Juanfran en el papel de centrocampista por la derecha. En el banquillo esperaban Adrián y Arda, que a la postre serían los dos únicos cambios, así como Miranda, que no tardaría demasiado en convertirse en indiscutible.

La disposición del Atlético contra el Málaga en ataque

El primer tiro a puerta de la era Simeone fue de Tiago. El portugués se gustó intentando una picada a Willy Caballero que se quedó en nada. Le faltó agresividad. El segundo tiro fue de Filipe Luis en una volea a bote pronto tras una jugada de estrategia donde Diego Ribas era el que la pegaba y Falcao el que estira a la defensa adelantada del Málaga. A la media hora, Diego Ribas, beneficiado por el toque de un defensa, la envió al larguero. Toulalan, mediocentro defensivo de los locales, estaba atento en las vigilancias a Diego Ribas y tenía la experiencia suficiente para hacer faltas tácticas sin que el colegiado sospechase que esa conducta era tan obligada como intencionada. La virtud de Toulalan ahogaba a los rojiblancos en su propio campo.

La primera jugada de estrategia de la era Simeone

MÁLAGA C.F. - ATLÉTICO DE MADRID
Liga BBVA. Jornada 18. 2011/2012
8-1-2012

EL PRIMER BALÓN PARADO DE LA ERA SIMEONE

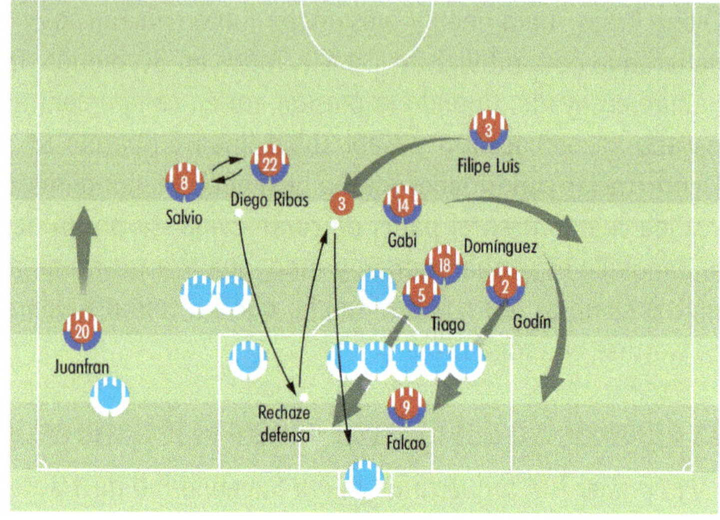

Parada de Willy Caballero

El balón parado. La primera jugada "buena"

MÁLAGA C.F. - ATLÉTICO DE MADRID
Liga BBVA. Jornada 18. 2011/2012

REMATE AL PALO DE GODÍN

El uruguayo, aprovechando que Falcao y Domínguez se llevan a todos, remata al palo.

2 Godín, **5** Tiago, **9** Falcao, **18** Domínguez, **20** Juanfran.

Zona de remate en el primer palo.

A los setenta minutos de juego, Godín, a la salida de un córner, remató al palo. El balón parado fue un aspecto del juego que se cuidó desde el primer día. El partido acabó en tablas. El primer objetivo, la portería a cero, se había conseguido. Simeone empezaba a sacar las garras. Durante la semana había que morder y en el fin de semana, competir. Lo que no había frenado la defensa lo había atajado Courtois. El Atlético tenía portero y sólo faltaba que Falcao hubiese metido una para que el equipo se llevase los tres puntos. Con un 1 y un 9, el Atlético lo tenía, es posible ganar el duelo de áreas, y eso son muchos puntos sin juego, pero faltaba encontrar el bloque para ser verdaderamente competitivos. La cocción fue a fuego lento, pero no hubo que esperar mucho tiempo para que todos comenzasen a percibir que ese Atlético iba muy en serio.

El Málaga de Pellegrini era un equipo de mucha calidad. En la mediapunta jugaban Cazorla, Isco y un chico llamado Diego Buonanotte, al que Simeone conocía bien. El pequeño diablo lo intentó todo, pero terminó claudicando contra Perea y siendo sustituido por Duda a los 73 minutos de juego. A los 7 minutos de partido se filtró por la izquierda, le ganó el pasillo a Perea y tuvo un mano a mano con Courtois. Fue la primera gran parada de Tibo. Con el pecho, aguantando el 1x1 erguido como si fuese el "Pato" Fillol.

Lo curioso es que Buonanotte jugó de extremo-interior por la izquierda ese día. Así lo decidió Pellegrini. Otro jugador con el que Simeone tuvo que pelear para convencerle de que el fútbol tiene dos obligaciones, una lo que debes hacer con el balón y, dos, lo que debes hacer sin él. El "Enano" era muy bueno, pero no quería perseguir al suyo. Un día, con Buonanotte ganando partidos para el River, el Cholo fue directo a por él y le dijo: "¿En su contrato trae que no está obligado a bajar a defender? Dígamelo, Dígamelo". Era un chico en formación, con éxito temprano y el Cholo le exigía. Cada gol o asistencia de Diego servía para que Simeone redoblase la apuesta y le exigiese más y más en defensa. Así se fraguo el título del River Plate en el Clausura de 2008. El Cholo en la dirección y Buonanotte siendo el desatascador de un equipo donde había muchos jugadores con un pie sobresaliente.

Como había sucedido en el título con el Estudiantes, lo primero era la portería a cero, y en esa ocasión los millonarios encajaron 13 goles en los 19 partidos. Sólo uno más que con el "Pincha". Lo sorprendente de aquel título fue que Buonanotte hizo nueve goles y Falcao sólo seis. El "Enano" era una joyita que ganaba partidos, pero, casualidades de la vida, dejó de crecer en lo futbolístico porque nadie le dio la confianza que Simeone había depositado en él, y Falcao fue progresando hasta convertirse en uno de los mejores 9 del mundo.

La experiencia en el River le venía bárbara para saber por dónde tenía que pisar en el Calderón. Hay clubes donde ganar es básico, ya que la derrota genera muros invisibles capaces de reducir a la nada cualquier lucha. El Monumental celebraba cada partido, aquel equipo tenía al "Tigre" Falcao y al "Loco" Abreu en la punta del ataque. Ortega era el "regista", el vértice alto, el 10. El "Burrito" había dejado de lado sus problemas y estaba comprometido en la lucha. Alexis Sánchez, el "Niño Maravilla", era el extremo que se iba de todos. Abusaba del regate, tenía tendencia chupona y era un jugador bien diferente al que ahora golea en el Barcelona. El chileno había heredado el grito de guerra que la barra brava le dedicaba a Marcelo "Matador" Salas. Su relación con Simeone era de amor y odio. Quería que Alexis "chupara" menos, que saliese de uno y jugase fácil la superioridad, pero el "Niño Maravilla" siempre ha sido de los que llevan la mirada en el balón. Años después, con Simeone dirigiendo al Catania y Alexis en el Udinese, volvió a salir el pique. Al chileno le dieron abajo, donde duele, para frenarle una y otra vez. Lo sacaron de punto, porque Alexis de aquélla ganaba partidos él solo para la "squadra" que dirigía Guindolín. Simeone, desde el área técnica, acusaba a Alexis de "piscinero". Aquel lío dejó bien sentado que en la época en el River Plate habían quedado sin contar muchas historias de vestuario. Y dichos estos nombres, que no son cualesquiera, quedaba citar al más decisivo: Diego Buonanotte.

Tras aquel Clausura, llegó la fundición. Falcao perdió el gol, Alexis fichó por el Udinese y el "Burrito" Ortega volvió a irse siguiendo la senda de sus problemas, mal asunto. A Bounanotte le ocurrió como a la Cenicienta y pasado el Clausura nunca más volvió a verse su magia. Sólo un gol del "Enano" en el torneo siguiente y tras catorce

partidos el Cholo pasó de héroe a villano por el simple hecho de que en el River, como en el Atlético, la derrota no se aguanta. Y el dolor nubla la vista y trae la obsesión y la ansiedad. El 26 de junio de 2011 el River Plate se fue a la Primera B, tras no superar la promoción contra el Belgrano. Descendió tras ochenta años ininterrumpidos en la máxima categoría, al igual que se había ido al infierno el Atlético un 7 de mayo de 2000 en un partido contra el Real Oviedo en el estadio Carlos Tartiere. Aquel día yo estaba allí presente y no se me olvidará la tristeza de la afición atlética.

La historia se repetía. Los inicios fueron difíciles. Ese empate, el de La Rosaleda, supo a muy poco porque el Atlético andaba necesitado de puntos aquella temporada. El cambio no se iba a conseguir ni en uno, ni en dos, ni en tres partidos, pero Simeone no tardó en encontrar su equipo. Fueron días donde lo más importante era elegir bien y detectar quién estaba dentro del barco. Iba a ser el equipo con el que pelear, ya que el Cholo no había llegado para alejar al equipo del descenso, ni para falsear en las ruedas de prensa hasta que la opinión pública diese por grandes logros objetivos menores. Simeone había venido dispuesto a todo. Había dejado a sus hijos en Argentina y ese sacrificio le obligaba a hacer algo grande.

"Col coltello tra i denti", con el cuchillo entre los dientes

Esta expresión, muy usada en Italia, ya forma parte de entender la vida de Simeone. Así celebraba sus goles cuando jugaba en la serie A en cualquiera de sus épocas. Jugó para el Pisa, no pudo ni consultarlo, ya que tenía muy poco tiempo para contestar y le dio por decir sí, ya que los móviles no existían y no podía localizar a sus padres, el Lazio y el Inter. Veía al Cholo y no entendía demasiado esas celebraciones.

En mis tiempos en la Roma hice amistad con Fabio Borini. Había llegado con el cierre de mercado, cedido por el Parma, con una opción de compra. Era internacional sub-21 con Ciro Ferrara y desde el primer momento se ganó el respeto de todos en Trigoria. Siempre daba el máximo, incluso cuando dormía, llegó a decir Luis Enrique.

Fabio celebra cada gol, aún hoy lo hace, con el cuchillo entre los dientes. Siempre alerta, como los Boy Scouts de Baden Powell. Siempre dispuesto a servir al equipo y darlo todo en cada entrenamiento y partido.

Simeone sabe que el día que no afronte cada entrenamiento o partido como el último lo habrá perdido todo. No será él y las virtudes dejarán de ser tales, porque tanto en la vida como en el fútbol la victoria es efímera. Hoy sales campeón, pero al día siguiente ya es pasado. Es obligado salir a morder y mantener el deseo. Si no ves cada entrenamiento o partido como una oportunidad, tienes que dejar paso. Si un día te da por bajarte, por más que puedas guardar el secreto y disimular, habrás firmado tu rendición. Sólo resisten los ganadores, muchos lo son sin haber levantado una Copa de campeón en su vida, aquellos que viven con el cuchillo entre los dientes.

"Nunca se toca fondo. Siempre puede ir peor si no sabes lo que pasa. Sólo puedes solucionarlo si sabes lo que pasa"

El objetivo primario era detectar los problemas y establecer soluciones rápidas y eficaces. Superado el primer partido, el objetivo secundario era encontrar el equipo. Saber colocar cada pieza en el sector donde más puede darle al equipo, provocar que se relacionen y que se haga todo siguiendo un modelo en el que todos confíen como el más adecuado. La competitividad llega cuando es el propio equipo el que interpreta la partitura y sabe cuándo conviene bajar el ritmo del partido o, por el contrario, apretar más porque el adversario está a un toque de entregar la cuchara. La excelencia surge cuando el equipo ha encontrado el equilibrio y cada combinación es reflejo de armonía. Cuando el ejército es coral, el rival ya se puede echar a temblar.

Manzano poco había dejado en herencia. La Europa League era la única posibilidad de levantar un título, ya que estaban fuera de la Copa del Rey y con la única opción de meterse quintos o sextos en la Liga. Simeone no tenía demasiado tiempo para encontrar su 11. Los torneos del KO te exigen saber a qué juegas, y debes saber manejar los tiempos. Sin esta última cualidad, ya puedes tener a diez como Maradona que caerás eliminado, porque sólo habrá balón para uno y por si fuera poco este querrá hacer la jugada de su vida, independientemente de lo que pida el partido.

Maradona, al citarlo no puedo pasarlo por alto, era un líder y la persona que había abierto a Simeone la puerta de su casa en Sevilla cuando llegó del Pisa. La relación siempre fue buena. El 10 es uno de esos que le gustan al Cholo porque, como él dice, "los cracks nunca te dan problemas; al contrario, te los solucionan". Maradona no se perdía un partido por su selección. Tuvo problemas con Ferlaino en el Nápoles por ese motivo; se enfrentó a toda Italia en defensa de los napolitanos en aquella semifinal, que poco después le pasaría factura, porque Maradona era débil fuera de la cancha. Y esos problemas los tuvo en el Sevilla. El presidente no le dejaba ir a un amistoso de la albiceleste. A Maradona y a Simeone les habían dejado sin coche para que no fueran, pero Diego decidió agarrar al Cholo, coger un taxi aéreo con destino a Mar del Plata, romperla jugando para los suyos y volverse. Nunca un "no". Ése era Maradona. Esa lección le sirvió a Simeone para llegar a los 106 partidos como internacional y para ser un capitán que se partiría el pecho por los suyos.

Simeone se quedó sin ir al Mundial del 90. Su padre se lo decía, pero él estaba loco por ir. No dejaba de ser un chico enamorado de la pelota. Se quedó fuera, así que su primer Mundial, con Maradona, fue en el 94. La albiceleste tenía un equipazo. Maradona estaba fino y lleno de hambre; Redondo, Batistuta, Cannigia, el "Burrito" Ortega, Ruggeri, Sensini, Balbo y el propio Simeone. El seleccionador era el Coco Basile. La albiceleste había dado una exhibición contra Nigeria. Maradona había marcado un gol con firma, rompiéndola al ángulo desde la frontal, con la rabia propia del que han sacado del circuito. Al día siguiente el Cholo se fue a comer con Maradona, Goicoechea -héroe del Mundial del 90 por sus atajadas en los penaltis- y las mujeres de ambos. La alegría era inmensa. Todo iba muy bien hasta que al día siguiente el combinado se enteró en el aeropuerto, pues cambiaban de sede, de que uno de los suyos había dado positivo en el control antidopaje. El silencio destrozó el clima y les devoró. Con Maradona caído, todo se fue al traste. Una gran pena, porque todos

le queríamos, los argentinos y los españoles, los italianos y los de cualquier parte. Los rivales y los compañeros, incluso hasta los brasileños, nunca le pusieron mala cara, a lo sumo lo cosieron a faltas.

En el Atlético el liderazgo lo ejercía Simeone, pero sin ningún Maradona a la vista necesita directores de orquesta sobre el terreno de juego. Jugadores con la personalidad suficiente como para sostener al equipo en las malas y dar equilibrio en las buenas, para que aquellos jugadores de un talento especial marcasen la diferencia. Siete días después del choque contra el Málaga, llegó el Villarreal, al que entrenaba Molina, portero de ese Atleti del doblete. La alineación, sorprendente, era la siguiente: Courtois; Juanfran, Miranda, Godín, Filipe Luis; Tiago, Gabi; Arda Turan, Diego Ribas, Adrián; Falcao. A los setenta y ocho minutos el canterano Koke sustituyó a Adrián. Simeone en menos de quince días ya había encontrado el equipo base. Una semana después, contra la Real Sociedad en Anoeta, el Cholo repitió la misma formación, salvo por la entrada de Mario Suárez por Tiago, que era baja. Koke volvió a entrar en el tramo final y la buena noticia era que como sucedía habitualmente en los equipos de Simeone el Atleti no había encajado un gol aún y había marcado siete, siendo Falcao el autor de cinco de los goles. Ya estaban todos.

"No me interesan los débiles. Ni en la vida ni en el fútbol. Aunque tengas dudas internas, debes tirar siempre para adelante"

Con el equipo definido y los códigos establecidos, sólo quedaba centrarse en la competición y en el entrenamiento, para hacer de éste una práctica constante de la manera de jugar. Repetir, insistir y crecer como grupo. Las excusas no eran admisibles y las cartas estaban encima de la mesa. Reyes, el talento de Utrera y héroe en la final de la Supercopa contra el Inter, se había ido sin que Simeone ni siquiera pestañease. No era prepotencia ni nada parecido, sino la racionalidad en la que siempre se ha manejado. La relación del Cholo con los jugadores parte de una pregunta donde la respuesta es sencilla: sí o no. Me escuchas o no me escuchas, mi mensaje te llega o simplemente no te interesa. Con Reyes, la respuesta fue no. Quizá

por motivos que no tenían nada que ver con Simeone, pero fue no.

El vestuario interpretó el mensaje, vio cómo había gestionado la situación su entrenador y entendió que la línea es la línea. Los jugadores estaban dispuestos a asimilar todo aquello profundamente, a leerse hasta la letra pequeña de cualquier cosa que decía o hacía su nuevo entrenador. Algunos por miedo, otros por convicción y algunos, como Falcao, porque ya habían conocido al Cholo en el pasado. Radamel creía en ello, el "Tigre" era la estrella del equipo, facilitaba la tarea. Todos entendieron que el grupo siempre iba a estar por delante de cualquier individualidad. Una afirmación que no tenía dobleces ni miramientos.

Así siente el fútbol, como un deporte colectivo, y de ese sentimiento surgió una ley universal que ha respetado siempre. Hay que recordar, porque es muy significativo, cuando en una entrevista le preguntaron por la selección argentina. No olvidemos que Bilardo quería que Simeone fuese el director técnico y eso provocaba que todo el país estuviese atento a cualquier respuesta suya sobre la albiceleste. Le preguntaron por el combinado y la disposición táctica con tres delanteros que gustaba a Messi. Su respuesta dejó perplejo al entrevistador. "Está, en el barrio los chicos también te dicen que quieren jugar de una determinada manera". Su respuesta le daba oportunidad a la contrapregunta del entrevistador, ya que se la había dejado botando: "¿No hay que escuchar a Messi?". "Hay que escuchar al grupo, no hay más importante que el grupo. Esto es fútbol, no hay entrenador que no quiera ganar", contestó el Cholo, para cerrar la conversación sin el menor atisbo de duda.

El Atlético se construía sin perder el tiempo en excusas. Nadie lloraba, pese a que los resultados podían ser mejores. Una vuelta después, y tras algunos partidos brillantes, los colchoneros habían sumado 31 puntos, cuando Manzano había cerrado con 19. En la Europa League el camino a la final fue todo un éxito. Ocho victorias en otros tantos partidos, una racha que recuerda la que maneja el equipo en la presente Champions, donde no conoce la derrota tras nueve partidos jugados. Eso no podía ser casualidad, ese equipo le estaba ganando por la mano al destino.

En la formación del grupo era básico no equivocarse con los pasillos de seguridad, como diría Luis Aragonés. Los bastiones, los jugadores franquicia, aquellos que aseguran el rendimiento de todos. Simeone siempre ha dicho que le basta con mirar a tres jugadores desde su área técnica para saber cómo va a ir el partido. Si los ve bien, respira. Courtois y Falcao, ahora ya Diego Costa, son valores seguros. Esos, descartados, porque siempre están. Ni se inmutan. La columna vertebral empieza con los centrales, Miranda, Godín y añade a Gabi, el capitán, encargado de cortar las transiciones del rival. Esos son tres, con los otros dos ya hacen cinco, a los que hay que sumar la pareja de Gabi en la medular y Diego Ribas, un jugador que Simeone sabe que es pura calidad diferencial.

Han pasado dos años desde aquella alineación contra el Villarreal en el segundo partido del míster en la dirección y ninguno se ha acomodado. El núcleo duro son los mismos, se han acostumbrado a ganar y han reducido las diferencias con los clubes de gran potencial económico a partir de la competencia interna. Simeone quiere que la dificultad esté en elegir a los once. Quiere que se mueran por jugar, que compitan en cada entrenamiento y que esa lucha entre semana sirva para que el grupo crezca. Apuesta por los entrenamientos individualizados, la mejora continua es parte del proceso y la amenaza de tener un compañero que quiere tu puesto es lo que mantiene vivos a los grupos.

Es muy cómodo tener un once que recitar. Hay equipos en donde no se mueven ni los pájaros, pero en el Atlético es Simeone quien agita el árbol de manera continua. Una y otra vez, no pisa a nadie, pero se hace notar. No se vuelve esclavo de nadie ni de nada; como él dice, los contratos están para romperlos, no sirven, son papel, pocos se llegan a cumplir, ya que la confianza es la base de todo y en el fútbol el crédito es tremendamente limitado.

Podrían entender que Simeone, en el Atlético, está por encima del bien y del mal, pero se equivoca quien pueda pensar así. Todo va muy deprisa y él ya tiene la experiencia con el River Plate, donde era un dios cuando salió campeón y terminó destituido sólo catorce partidos después de ese éxito. No se dejará engañar, ni se relajará;

sabe que mañana es el partido más importante y que mirar más allá no tiene demasiado sentido.

A día de hoy, alguien con malas intenciones le cuestiona su incidencia en el descenso del River Plate en 2011. En Argentina los descensos se hacen por el promedio de las tres últimas temporadas. La culpa de Simeone se limita a catorce, sí, catorce partidos de los 114 jugados que entraron en el promedio. Un 12,3 por ciento de responsabilidad en un club que tuvo cinco técnicos, Simeone, Astrada, Gorosito, Cappa, J. J. López, más Gabriel Rodríguez como interino durante ese tiempo, que envió a los millonarios a jugar la promoción que les mandó a la Primera B. Habían pasado casi tres años, pero Simeone y sus hijos recibieron amenazas de la "barra brava" por aquel entonces. Carolina Baldini, su ex mujer, salió en Twitter a defender al padre de sus hijos y también a sus pequeños. No se lo podía creer. Aquello pasó, pero la enseñanza quedó ahí. Ahora el Cholo se lo dice a sus jugadores, sabe que cada día hay que empezar de cero y que vales tanto como el resultado del último partido. Aquello duró un tiempo, pero supo interiorizarlo y se lo quedó para él. Había sido el último técnico campeón con el River, a día de hoy todavía lo es, pero nadie se acordaba de todo eso, solamente del descenso, donde él sólo tenía un 12 por ciento de culpa. Verdaderamente increíble, pero no le volverá a pasar en el Atlético.

"Le voy a dar el corazón". El primer partido en el Calderón

Fue 18 días después de ser presentado. En la matinal del domingo se jugaba contra el Villarreal, que dirigía José Francisco Molina. Habían sido compañeros en el Atleti del doblete, pero no era un partido que permitiese ninguna broma. Había que ganar. Los rojiblancos y los amarillos compartían obligaciones. El ambiente era gélido, pero la afición estaba expectante y deseosa de aplaudir al equipo de Simeone. El Atleti ganó 3-0 con doblete del "Tigre" Falcao, cerrando Diego la cuenta en un partido que envío al Villarreal al antepenúltimo puesto de la tabla.

El bloque del Cholo Simeone

ATLETICO DE MADRID - VILLARREAL C.
Liga BBVA. Jornada 18. 2011/201
15-1-201

EL BLOQUE DEL CHOLO SIMEONE

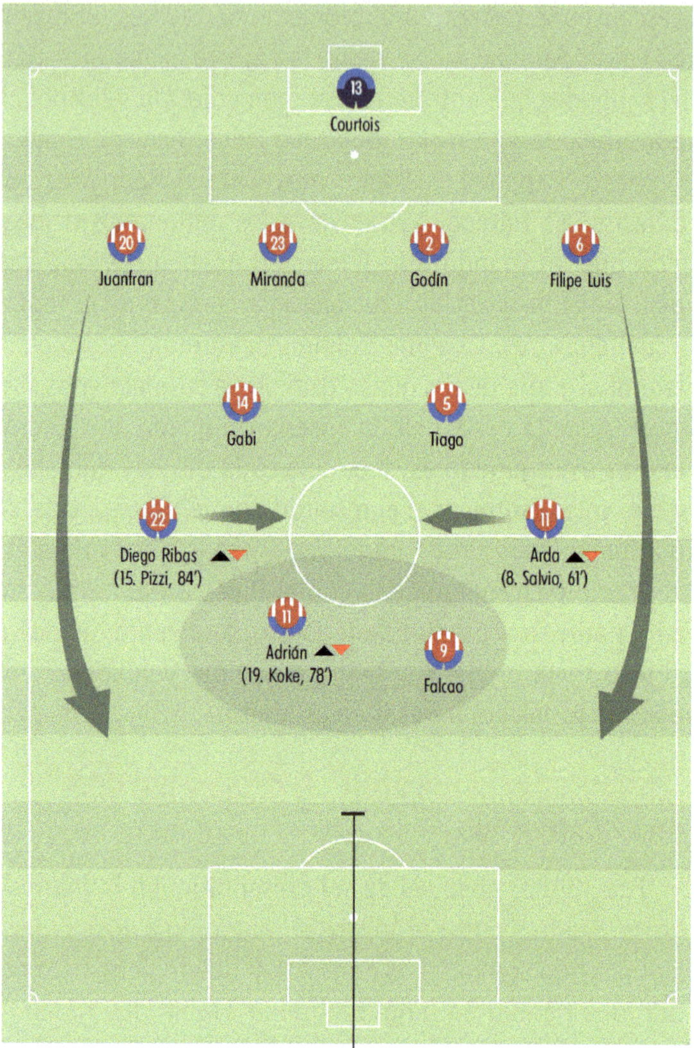

CLAVES:

- Al segundo partido, Simeone ya tenía su defensa. Se volverían intocables.
- Simeone convenció a Arda y a Diego para jugar en banda. No era una tarea fácil.

Aquel día comenzó el futuro, el Atleti ganador inició su andadura ese domingo por la mañana. Durante la semana Simeone había trabajado con tres jugadores en concreto. Convenció a Diego para que jugase en la derecha, y no sólo eso, el brasileño persiguió a Cani cuando éste le buscaba la espalda. Conseguirlo y mantenerlo permitía jugar con ventaja. Con Arda Turan, otro tanto de lo mismo. Al turco le tocaba jugar en la izquierda. Basculando, haciendo el trabajo de línea y, como en el caso de Diego Ribas, con la obligación de ser soldados rasos, por más que su fútbol tuviese alguna estrella.

Arda había sido suplente en el Málaga y las exigencias del Cholo iban contra la naturaleza del jugador. El técnico no quería un equipo de nombres, sino de hombres, aunque sabía de sobra que necesitaba buenos jugadores y Arda, sin lugar a dudas, tenía cosas que otros no le podían dar ni entrenando noche y día. Las charlas entre ambos se dieron hasta que llegó un punto donde el turco frenó la conversación y dijo: "Le voy a dar el corazón". Si Arda y Diego remaban, era seguro que ese Atleti iba a competir de ensueño. Es lo que tiene cuando los buenos corren; los demás, los que le pegan peor, sólo tienen un camino: ir al límite, con cabeza, pero al límite.

El tercer hombre era Juanfran. En el Málaga había jugado de lateral, pero durante la semana el míster se dio cuenta de que era un jugador por el que había que apostar si el primer valor era el compromiso. Una mañana, al llegar al entrenamiento, vieron a Juanfran en el gimnasio; llevaba dos horas machacándose. Era un rebelde, quería jugar y estar preparado para rendir cuando fuese llamado a filas. Con el Villarreal empezó de lateral y ya nunca más se supo del interior que había llegado del Osasuna.

Entre la manera de jugar estaba la elección entre mandar con el balón o dominar el juego desde la posición. Simeone nunca quiso ni los toques de cara a la galería ni el juego de pases repetido y aburrido. Quería ganar desde la defensa y por eso la posesión siempre sería un tema menor. El equipo se sentía cómodo cuando el adversario tenía la pelota, hasta el punto de que partido a partido fue perdiendo esa estadística por goleada. Contra el Villarreal sólo un 46 por ciento, pero con un marcador de 3-0, con 18 tiros a puerta, 10 entre los tres palos, 11 córneres botados y 8 faltas laterales, así como un penalti marcado por Falcao.

Arda empezó abierto en banda, recibiendo y pausando el juego para atraer a su lateral y así generar el espacio para la entrada de Filipe Luis. El turco no pisó la zona entre líneas. Era un futbolista de jerarquía que necesitaba tiempo de adaptación a su nuevo papel. En cambio, Diego Rivas jugó suelto y muy cómodo. Moviéndose por dentro y erigiéndose en el auténtico "regista" del equipo. Aquel día, y como tantos otros en aquella temporada, Adrián López fue desequilibrante. Asistió en el primero a Falcao y en el segundo cambió de dirección el sentido del balón, de tacón, para asistir al colombiano y dejarlo en un mano a mano con Diego López, entonces portero del Villarreal. Falcao no llegó a tirar, ya que le hicieron un penalti que los visitantes discutieron al colegiado. A los cincuenta minutos de juego el Atlético había tirado once veces a puerta por ninguna del Villarreal. La virtud de los colchoneros no era excesiva. Ese submarino amarillo estaba descolorido. El Atlético había ganado fácil. El Atleti caminaba.

Una vuelta después, y en partido que comenté para La Sexta, con Antonio Esteva, compañero con el que llevo disfrutando en cientos de partidos en la televisión y en miles de charlas futboleras, el Atlético volvería a ganar al Villarreal con un gol de cabeza de Falcao a la salida de un córner sacado por Diego Ribas. El Villarreal estaba en Segunda. Como el Atlético en su día o como el River Plate días más tarde. Esa retransmisión fue dura, el Madrigal lloraba por un equipo y unos dirigentes que habían apostado por el fútbol.

El equipo se había puesto el mono de trabajo y la continuidad en el esfuerzo y la idea le iban a fortalecer sobremanera. Dicen que la suerte no existe. Pensar en ella como la que decanta la balanza suele ser de perdedores. Las excusas suelen ser el preludio de la ineficacia. Si el adversario no pisa tu campo, es imposible que el colegiado se saque de la manga un penalti a favor. La suerte se busca, se tiene o no se tiene, pero se desea. Cuando todos reman, el barco avanza con toda rapidez, más cuando tienes jugadores de calidad que se comprometen con el equipo. Por eso hay que hacer piña, por eso el grupo manda más que cualquier individualidad, porque él será el que te sostenga el día en que todos te quieran tirar a la cuneta.

Los nombres fueron cambiando por los papeles, no se modificaron ni un solo metro desde el primer día. El Atlético utilizaba el contraataque y las transiciones rápidas y verticales como primera vía para marcar. Si puedes hacer gol en tres toques, no utilices cuatro. Ésa era la consigna. Los rivales, poco a poco, fueron dándole la posesión y esperando al Atlético en su propio campo. Era clave que el ataque estático funcionase y que el juego a balón parado -ya se analizará- intimidase al adversario.

El ataque en torrer

ATLÉTICO DE MADRID: EL ATAQUE EN TORRE
2011/2012

FASE OFENSIVA

1-4-2-2-2

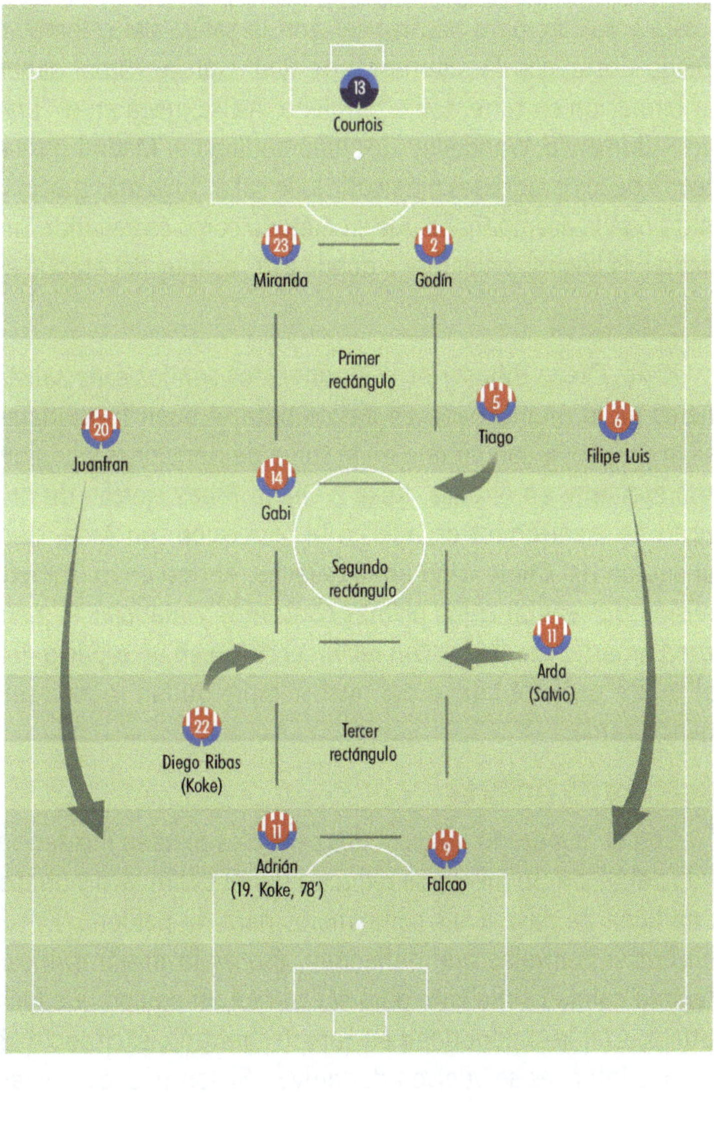

13 Courtois
23 Miranda
2 Godín
Primer rectángulo
5 Tiago
20 Juanfran
6 Filipe Luis
14 Gabi
Segundo rectángulo
11 Arda (Salvio)
22 Diego Ribas (Koke)
Tercer rectángulo
11 Adrián (19. Koke, 78')
9 Falcao

CLAVES

- 9 jugadores por dentro. Distribución en cuadrado / rectángulo en función de balón.
- Estilo brasileño. arrileros, únicos jugadores en amplitud.
- Superioridad numérica por dentro.

Diego Ribas -Koke, cuando el brasileño no estaba- y Arda, con sus movimientos hacia dentro, hacen efectiva esa superioridad numérica que plantea el Cholo. El míster colchonero basa todos los principios ofensivos en el "cuadrado mágico", una disposición donde los cuatro vértices están ocupados. Los inferiores por Gabi y Tiago, los superiores por Arda y Diego Ribas. Koke adquiriría galones sustituyendo a Diego hasta ser el único imprescindible. Nadie pisa la zona central, la misión es generar un continuo 4x3 que enlaza con un 2x2 de los puntas contra los centrales. Los puntas empezaron siendo Adrián y Falcao, les sucedieron Diego Costa y Falcao, para pasar a ser, con la salida del colombiano, Villa y Diego Costa, con la alternativa de Raúl García. Fútbol ganador desde la formación en torre. Estilo brasileño. Así se juega en el "brasileirao" y en Sudamérica. Wanderley Luxemburgo llegó al Madrid para explicar la teoría de los cuadrados mágicos. No le salió. Tuvo más gracia la nutricionista que le acompañaba que su método como entrenador. En el tiempo actual, Pellegrini, en el City o donde esté, es muy del ataque en torre.

El asistente

Koke, Diego Ribas y Arda Turan. Estos son los especialistas colchoneros en el último pase. Es básico para el buen funcionamiento que sean precisos y con criterio en la toma de decisiones y con una técnica sobresaliente en el pase. Koke o Diego Ribas ejercen de brújula atlética y se reparten los espacios a la perfección con Arda, su otro yo en el equipo del Cholo. Uno en la derecha, el otro en la izquierda, con la misión de separar a los pivotes contrarios y manejar el juego en una zona muerta, ya que buscan recibir el balón en un espacio donde tanto el pivote como el lateral del rival siempre dudan ir, para terminar llegando tarde.

Actores de reparto

Con el "cuadrado mágico", los centrales pierden incidencia en la salida del balón. Su misión se reduce a dar el balón fácil y ofrecer siempre una línea de pase a sus compañeros para no perderla. Es complicado encontrar centrales que defiendan, ésa es la misión principal, y que tengan calidad suficiente para sacarla en un equipo que lucha por los títulos. Con la superioridad en campo contrario, el citado 4x3 por dentro, los laterales se vuelven definitivos. Si son buenos, vuelas. Si no lo son, te atascas. Filipe y Juanfran son garantía absoluta para arrastrar a su interior y abrir el espacio para que los otros, los de los vértices superiores, ganen por dentro.

El ataque

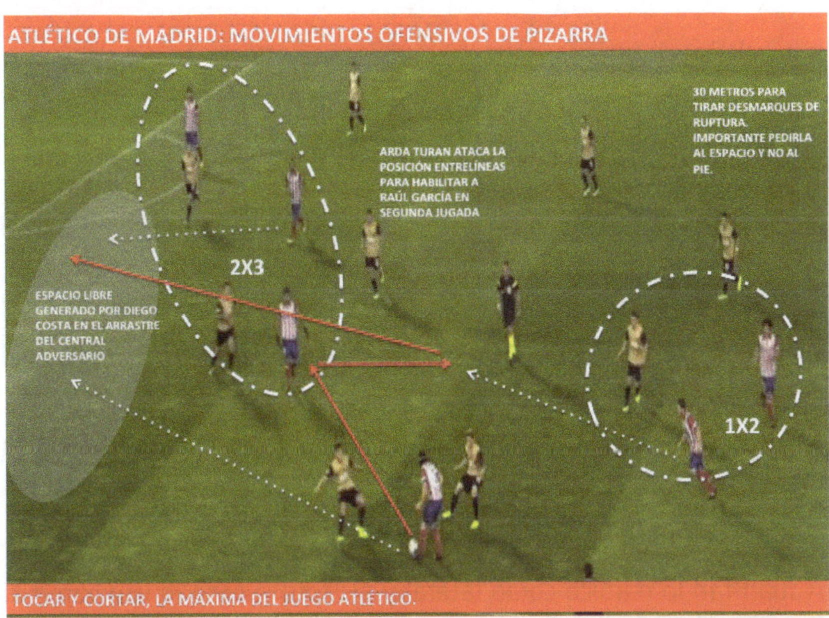

La sala de máquinas, aquellos jugadores que con el pase siempre encuentran el espacio, empezaron siendo Diego Ribas y Arda Turan. Simeone, pese a tener a Salvio y a Juanfran primero o al "Cebolla" después, nunca quiso extremos ni centrocampistas de banda. A Juanfran lo reubicó como lateral y al "Toto" Salvio lo vendieron al Benfica. El "Cebolla" Rodríguez tiene su papel en el plan B, representa una variante del juego y, pese que ha anunciado que se irá a finales de temporada, es uno de esos jugadores incuantificables para Simeone, ya que lo del "Cebolla" es pasión.

Tras el primer año, Diego Ribas volvió al Wolfsburgo, dejando al equipo huérfano, ya que el brasileño se había adaptado a todas y cada una de las exigencias del Cholo. El Atlético necesita un "regista", un pasador de los buenos y un lanzador preciso del balón parado. El sustituto ya estaba en casa. Koke era el indicado. Había cumplido el papel de cambio habitual y partido a partido fue ganando experiencia. Había debutado con Quique Sánchez Flores, y no había sido de salir y no volver, no, se trataba de un técnico que confiaba en el jugador, no dudando en darle todos los minutos posibles pese a ser un juvenil.

Koke, el sentimiento colchonero

Siempre leo a mis amigos. Una cita obligada cada semana era leer los artículos de Gonzalo Miró sobre "su" Atleti. Una de sus columnas la tituló "Gana Koke, gana la casa". No podía estar más de acuerdo. Con el paso de los partidos terminó siendo el más importante, un jugador que sabe marcar los tiempos, que golpea el balón parado de maravilla y que pocas veces se equivoca. Ahora, con la vuelta de Diego Ribas, el Atlético tiene un 11 titular y un banquillo equilibrado que no tiene nada que envidiar al de muchos de los equipos que se pueden permitir grandes inversiones.

Koke es futbolista para liderar una década. Así lo ha declarado Xavi Hernández. Su heredero. Es el termómetro, ese futbolista al que todos buscan porque saben que no la pierde. Marca los tiempos y acostumbra a mejorar la jugada, es jugador franquicia y el más importante en el ataque estático. Un cheque al portador para los delanteros y los rematadores como Diego Costa o Raúl García, por su calidad en el golpeo del balón.

Koke sabe dar continuidad a la posesión. Antes de perderla, toca fácil y cuando tiene espacio sabe buscar el último pase. Se asocia bien con Arda Turan, su otro yo, para que el juego pivote sobre ellos. El Atlético, ganando el respeto de los adversarios a pasos agigantados, tendrá cada vez menos metros para correr al contraataque, lo que convertirá en imprescindibles a los jugadores que saben tomar las mejores decisiones en el espacio reducido.

Los del Manzanares juegan sin mediapunta como punto de partida, siendo ese papel para los centrocampistas, que empiezan desde fuera para irse hacia dentro buscando el costado de los pivotes, partiendo desde la banda. Koke en la primera avanzadilla; Oliver Torres, cedido al Atlético, será la segunda oleada, para un puesto que empezó con Quique Sánchez Flores, con Jurado y Reyes, continúa con Diego Ribas y Arda, los primeros que eligió el Cholo, y que termina con los de casa, Koke y Oliver Torres.

Koke es colchonero. Muy colchonero. Su hermano Borja ya defendió el escudo y nada invita a pensar que dará el paso de irse. La cláusula no deja de ser una anécdota, ya que Koke nunca haría uso de ella a no ser que llegase ese día en el que su recorrido en el club hubiese llegado a su punto más alto. En la temporada 2012-13 Martín Ferguson, hermano de Sir Alex, siguió con detalle su juego. Fue su objetivo, pero Koke siempre quiso renovar por el club de sus amores. Quizás acabe siendo capitán. Lo haría de lujo por el simple hecho de seguir la senda de Gabi, un futbolista que llegó al primer equipo en la segunda etapa de Simeone como jugador colchonero y que ha declarado que llevaba toda una vida preparándose para ser capitán del Atlético. Casi nada. Un buen maestro y un excelente hijo. Queda el nieto, Oliver Torres. Simeone y el "Mono" Burgos ya le vieron algo diferente desde el primer entrenamiento. El chico era especial, pero estaba por formar. Había que ponerlo a jugar en el filial para que en poco tiempo pudiese ser uno del primer equipo y pudiese jugar contra Ballesteros, sentenció el "Mono" para sonrisa del Cholo. Así está la sucesión del alma rojiblanca.

"Hasta en el diccionario el esfuerzo va antes que el éxito". El arte de defender

Esta cita tiene mil padres. Se podría decir que ya es un dicho popular. Al primero que se la escuché fue a Fabricio Oberto, pívot argentino que jugó en Baskonia y que fue, junto con Manu Ginóbili, menudo talento, campeón de la NBA con los San Antonio Spurs. Además, fueron campeones olímpicos con la albiceleste. Una generación de oro. Nelson Vivas, ayudante de Simeone en el pasado y que no pudo venirse al Atlético (de ahí la entrada del "Mono" Burgos en el staff), siempre la repetía. Vivas tenía mucho carácter, pero sabía convencer. Dicen que Thierry Henry es del Boca Juniors por todo lo que Nelson le contaba cuando el argentino jugó para el Arsenal de Arsène Wenger.

Se puede controlar el juego o controlar la posesión. También se puede dominar el juego a partir de la posesión o bien no tener ninguna opción de jugar porque no tienes el balón. El galimatías, en una lectura pausada, se entiende fácil. Simeone quiere mandar en el juego, pero sus equipos lo hacen sin balón. El contrario puede tener la posesión, tocar y tocar, pero la condición para mandar es que el partido sea el que quiere y le viene bien al Atlético. Todos los equipos del Cholo, Estudiantes y River, fueron los más ofensivos, se manejan en los mismos registros.

En el juego defensivo el principio básico es la línea de cuatro y las tres líneas defensivas. Los sistemas que ha manejado Simeone son el 1-4-4-2, 1-4-1-3-2 y el 1-4-1-4-1. Según sea la altura de la presión, el técnico emplea un sistema u otro sin que eso represente ningún problema para los jugadores, ya que los han asimilado por la continua repetición en los entrenamientos. Todos saben qué deben hacer y dónde colocarse, dominan qué tipo de respuesta posicional deben dar porque han interiorizado lo

que quiere su técnico en todo momento.

El bloque alto. La presión a todo el campo

El terreno de juego se divide imaginariamente en cuatro partes iguales. Zonas una, dos, tres y cuatro, siendo la primera la más cercana a tu portero. La presión en el campo contrario, todo el equipo situado en disposición de quitarle la pelota al adversario en las zonas tres y cuatro, conlleva riesgos y exige de una gran condición física y mental, ya que el futbolista, por naturaleza, gusta de correr hacia adelante y sufre corriendo hacia atrás. El jugador va cuesta abajo y sin freno en todas las carreras que le acerquen al gol y sufre una barbaridad cuando debe retornar alejándose de la portería contraria y juntándose con su portero. El terreno de juego, a nivel mental, suele estar inclinado. Esto sucede en profesionales, pero es la teoría del fútbol de los niños en la calle. Para hacer gol, van todos; para evitarlo, es mejor mirar y que sean otros los que solventen la papeleta. Todo esto, si se tiene talento, es todavía más acusado.

Cuando el Atlético de Simeone quiere presionar el saque del portero contrario, el equipo ocupa 45 metros defensivos. Es el momento en el que el equipo está más separado, siendo, por esta razón, la propuesta más exigente. Si te superan, tienes que volver a tu propio campo antes que la pelota, y eso obliga a un sprint en velocidad de 20-30 a todo el equipo. No es fácil. Compruébenlo. Pónganse dos a la par, uno con balón y otro sin él. A éste último se le puede dar ventaja, mucha ventaja. A una señal, uno golpea la pelota y el otro corre. Verán que la pelota siempre llega primero al punto final. Siempre.

Por esta razón, la exigencia es máxima. Si se recupera, hay opciones de hacer gol en dos, tres toques, pero si no se hace, el desgaste es brutal, y los partidos duran noventa minutos. El fútbol no entiende de perdedores. Te critican muchísimo si pierdes por KO en el primer asalto, pero perder a los puntos después de todo un combate resistiendo también es perder.

En la presión en campo contrario la clave es el primer sprint, los primeros cinco metros de achique. Los puntas son los que tienen que correr a presionar del mismo modo que si fuese con vistas al gol. Para conseguirlo hace falta mentalidad y convencimiento. A Falcao y a Adrián el Cholo siempre les ha pedido más. Y a Villa y a Diego Costa. Con Costa es más fácil, ya que el "Animal" -tal y como lo ha bauti-

zado Rubén Martín en la Cope- pues sólo su manera de pisar ya impone respeto. Te atropella, es de esos jugadores que disfrutan con el cuerpo a cuerpo. Los defensas le tienen respeto; estos, más que pegar, van a protegerse contra Diego Costa, siendo una batalla ganada. Y no una cualquiera, porque para presionar lo más sencillo es intimidar, no siendo fácil tener la tranquilidad para jugarla si es Diego Costa quien viene a quitarla, ya que si el "Animal" va, va.

La ejecución de la presión obliga a tener dos puntas como primera línea, porque el contrario situará a sus dos centrales en los pasillos laterales formando con el portero una primera línea de tres. Medio campo para cada uno y la obligación de correr cerrando el pase de vuelta al centro al jugador que la tiene, para empujar al contrario contra el banderín de córner. Por detrás, una línea de tres. Un medio sube línea y se sitúa con el mediocentro rival para evitar que el portero consiga iniciar el juego por el centro aprovechándose de que los puntas están abiertos y atentos a cerrar los citados pasillos. A su derecha y a su izquierda, los centrocampistas de banda. Por detrás de estos tres, el mediocentro defensivo haciendo la cobertura, y una línea de cuatro atrás que lleva el fuera de juego a su límite reglamentario, para mantener el bloque lo más unido posible. Courtois, el portero, hace de hombre libre para salir a cualquier balón en largo, buscando la profundidad y la espalda de los centrales colchoneros.

PRESIÓN ARRIBA.

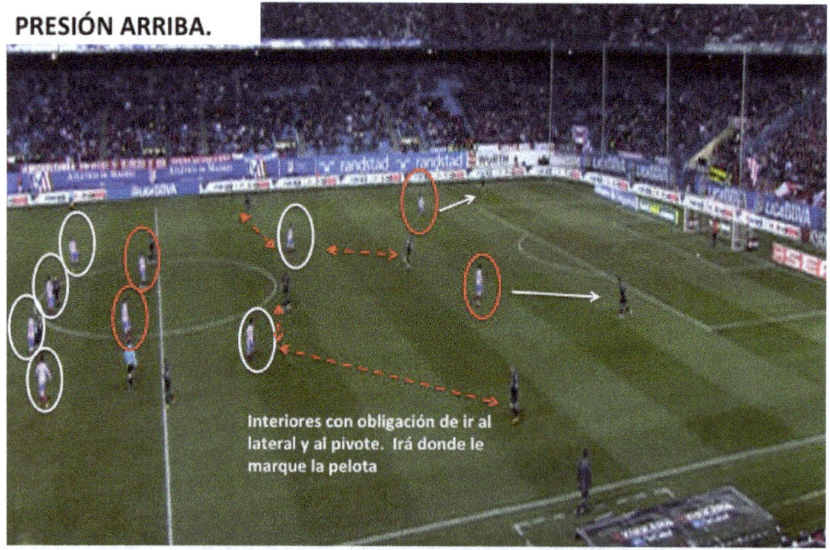

INTERIORES EN MEDIA POSICIÓN + DELANTEROS CON CENTRALES

La presión en campo contrario

F.C. BARCELONA - ATLÉTICO DE MADRID

Semifinales Champions League. 2013/2014

1-4-2014

FASE DEFENSIVA

Presión ante el saque de puerta de Pinto.

Bloque alto. Presión arriba.

9 19 **Villa y Costa***
Los delanteros presionan la salida de los centrales.

Gabi* 14
Tapa la salida por el mediocentro.

Arda* 10
Aprieta arriba o cierra en función del lado por donde salga el balón.

Todo el equipo en campo adversario.

9 Villa*
19 Diego Costa*
6 Koke
14 Gabi*
10 Arda*
5 Tiago
6 Filipe Luis
2 Godín
23 Miranda
20 Juanfran
13 Courtois

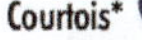

Courtois* 14
Ejerce de hombre libre.

Los bloques alto y medio del Atlético de Madrid

REAL MADRID - ATLÉTICO DE MADRID

Final Copa del Rey 2013

17-5-2013

FASE DEFENSIVA 1-4-1-4-1

BLOQUE MEDIO

Defensa en zona 2/3.

Falcao* 9
Fija centrales. Obliga al adversario a salir por donde más interese.

Primera línea de posesión. Aprietan a los pivotes contrarios.

Defensa en **30m.**

Segunda línea de posesión acorta el campo de juego.

Mario* 4
Cobertura a la primera línea.

Courtois* 13
Cobertura a la línea defensiva.

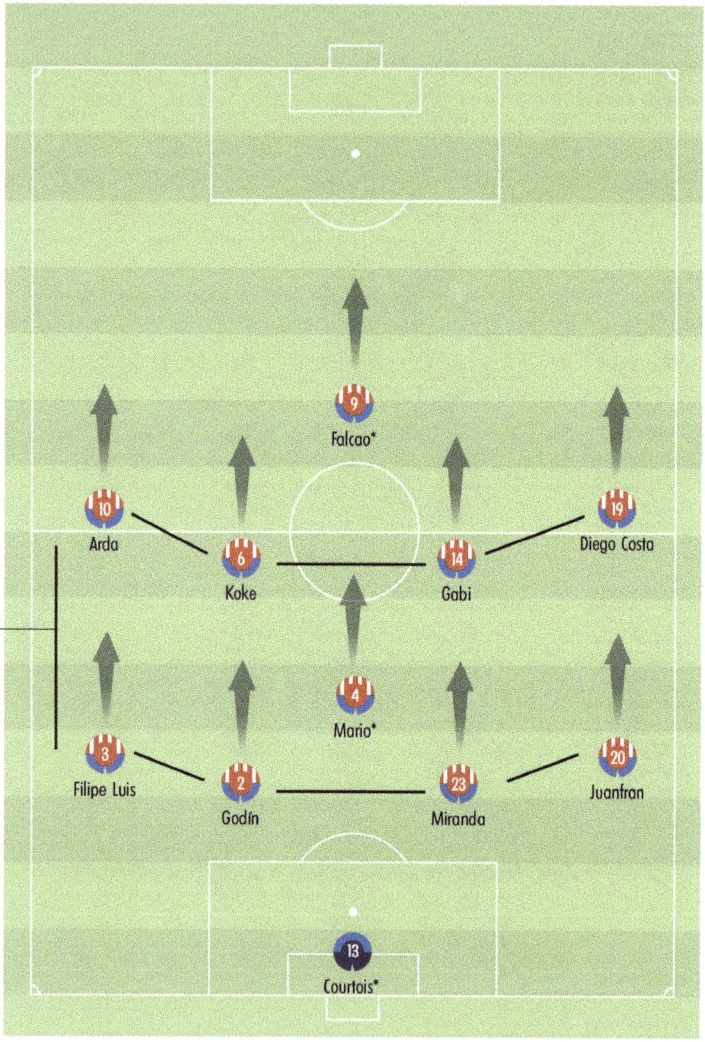

9 Falcao*
10 Arda
6 Koke
14 Gabi
19 Diego Costa
4 Mario*
3 Filipe Luis
2 Godín
23 Miranda
20 Juanfran
13 Courtois*

Pocas veces ha ido el Atlético a presionar a toda la cancha. Lo hizo contra el Barça y ello es suficiente para demostrar atrevimiento. Desde que el Barça alcanzó la excelencia y los equipos empezaron a presionarle en toda la cancha, el fútbol cambió. Ya no era un juego a medio campo, sino a campo entero, siendo el espectáculo el gran beneficiado de esa lucha de clases. Ahora es como el fútbol sala, cada metro cuenta y es importante, rompiendo así la tendencia de convertir el fútbol en "balonmano".

Puede que la memoria me traicione, pero Joaquín Caparrós, en la final de la Copa del Rey de 2009, fue el primero en presionar a ese Barça en todo el campo y esto generó una fuerte sobredosis de adrenalina entre los espectadores, porque la clave ya no era que Messi hiciese una jugada ganadora, sino que se dilucidaba si Piqué o Toure Yaya, con Pinto de portero, podían salir de su propia área jugando.

Simeone, salvo planteamientos particulares, siempre ha creído que su equipo se tiene que manejar en los bloques medio y bajo. Una razón: así se gana espacio para el contraataque. Ahora se dice transición. Pero no es lo mismo, la transición defensa-ataque de Simeone es unidireccional. Directos a la portería contraria. En el bloque medio, el equipo defiende en las zonas dos y tres, siendo el sistema 1-4-1-4-1. La primera línea de cuatro es la que dice al adversario: "Hasta aquí; allí toca lo que quieras, pero en cuanto entres en mi zona, te voy a machacar". De ahí que la lucha sea con Arda, Diego, Buonanotte o el Papu Gómez, jugadores de esa línea que tengan talento para saber qué hacer con el balón tras la recuperación y se esfuercen para recuperar, con carácter y personalidad.

La línea de atrás sirve para achicar y reducir el espacio entre líneas. Si cuando el adversario juega a la espalda de la primera línea de presión los defensas están ahí, el equipo gana en confianza, ya que los avanzados se atreven a presionar hacia adelante porque saben que nunca será una carrera individual. El mediocentro, sólo uno entre líneas, tiene doble trabajo en función de dónde esté el balón. Si lo tiene por delante, su labor es hacer la cobertura a la primera línea. Si el balón le supera por un costado, no queda otra que meterse entre los centrales para evitar la igualdad o superioridad numérica que generará el adversario en el área.

Una virtud de este Atlético es que los centrales no reculan. El achique es obligado y necesario para no vender a la primera línea de

presión. Godín y Miranda, sin ser especialmente rápidos, se atreven a tirar la línea, y eso facilita mucho las cosas. Saben que tienen escudo, el compromiso de los medios es que el poseedor de la pelota no tenga ni espacio ni tiempo para jugar, pero hay que valer para achicar, ya que no todos se atreven. Un solo metro atrás y el sistema defensivo se cae en cadena, pues el bloque se pierde y el contrario ya sólo tiene que ir derribando uno a uno, como si se tratase de un castillo de naipes.

Queda el punta, la vía de escape. Es el condicionador. Se sitúa entre los centrales y empuja al adversario hacia un lado. Al que más interese. Suele estar pactado. Imagínense un central fino en lo técnico o uno que no lo sea. El punta siempre dejará que el adversario salga por el lado del que se suele equivocar, y es que en el fútbol más que de aciertos se trata de fallos, porque no deja de ser puro ajedrez. Siguiendo con el ejemplo. El torpe es muy lento y el fino es muy rápido. Quizá sea mejor que el fino la saque, porque si la pierde su delantero se irá en la contra con un lento como pareja de baile. Las casualidades no existen en el fútbol, por más que los entrenadores siempre intenten que parezca un accidente para que nadie sepa leer la mano que llevan.

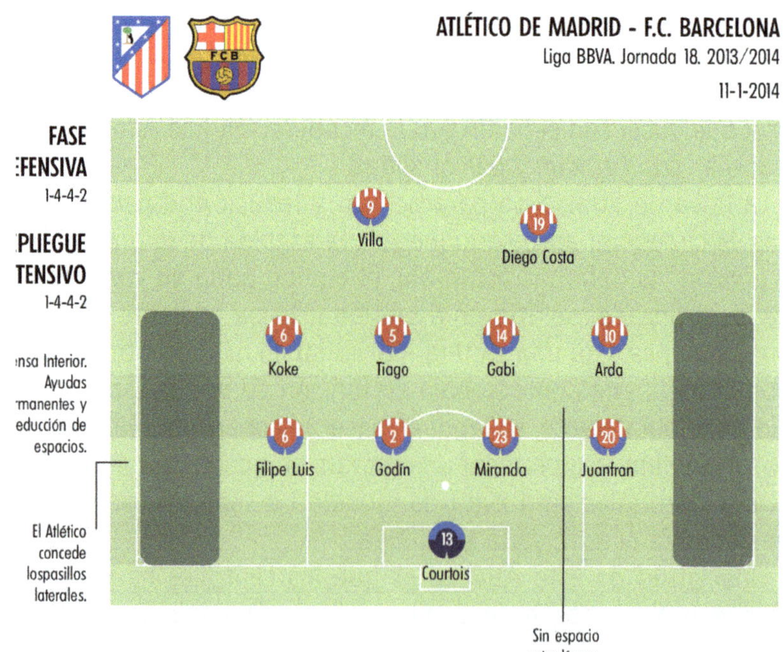

El bloque bajo

Con el bloque alto, el equipo ocupa 45 metros con facilidad y riesgos. Con el bloque medio, la ocupación suele ser de 30 metros, a contar siempre entre la línea defensiva y el delantero. Con el bloque bajo, el achique es el principio de la reducción del espacio entre líneas, ocupando el equipo un máximo de 20-25 metros. A menor espacio, más facilidad defensiva, aunque cuanto más cerca de la portería, mayor obligación de precisión. Hay que dominar el juego posicional, siendo la concentración básica para no abrir ninguna puerta por la que el adversario pueda colarse. De hacerlo, estás fuera.

El bloque bajo es sinónimo de defender en las zonas 1 y 2 del campo. En tu propio campo, en tu propia área. Las líneas se cierran, se tapan todas las líneas de pase interiores y se suelen conceder los pasillos laterales, aunque esto va en función del rival, ya que contra el Barça puede servir, pero contra el Madrid o un equipo que juegue a centros y remates es el principio del fin. El equipo tiene un estilo, una organización, pero según quién sea el rival los detalles se modifican para dar siempre la mejor respuesta.

La línea defensiva suele tener la frontal del área propia como referencia y los laterales tienen que cerrarse para que los puntas no puedan estirar a los centrales y generar un espacio. Defensa posicional. Intensidad individual, pero prohibido perder el sitio. Si uno sale, todo se derrumba ya que sólo el portero puede evitar que la siguiente jugada no sea sacar de medio campo. Es un ejercicio único de resistencia. Una prueba que el Atlético ya ha superado en más de una ocasión.

Miranda y Godín, el que más habla atrás, tienen el liderazgo en el repliegue intensivo. Ordenar, hablar, corregir. Ellos no pueden perder el sitio, siendo los primeros en demostrar templanza y control. Juanfran y Filipe Luis son los que más sufren, pues tienen que vencer su instinto de defender al contrario que está por abierto. Ése es el cebo que el contrario pone para colarse por dentro. El extremo se abre y se abre, el defensa acude y, cuando llega, el atacante le cambia el paso, aprovechando un pasador el espacio que surge entre el lateral que va a la banda y el central que se ha quedado en su sitio.

Los medios tienen que jugar al pañuelo con los rivales. Prohibido sentirse atraído. Hay que que ir, pero también cuidar el sitio. El balón debe estar presionado, no puede danzar al son que marcan los pasadores del adversario. No se puede dejar espacio en la espalda, generando la posibilidad de que aparezca un jugador del adversario que pueda recibir ahí y girarse para encarar, dejando a la defensa expuesta y sin respuesta. Los medios tienen que medir. Ésa es la palabra. Saber leer cada situación.

Uno de los que miden a la perfección es Gabi, el capitán. Importante en todas las distancias defensivas, pero con la intensidad suficiente para ir a las ayudas una y otra vez, sin dejar de estar cerca del poseedor, de la ayuda y de su propia defensa. Suelen ser tres funciones complejas de hacer a la vez, pero ahí está la excelencia. Un trabajo oscuro que Tiago también domina y que los entrenadores suelen premiar y los aficionados no ver. La fortaleza de un grupo se mide por las prestaciones de los encargados de hacer todo lo que no se ve, pero que está ahí, y vaya si está.

Los puntas, en cambio, no deben ni pensar en abandonar. Uno de ellos tiene que tapar al mediocentro y el otro ayudar en función de la zona donde se halle el balón. Ellos son la clave para escapar, porque en el fútbol muchas veces los equipos mueren víctimas de sí mismos. Si defiendes con todos en tu campo, un "catenaccio" en toda regla, podrás ser fuerte sin balón, pero tienes un problema serio con la pelota. Si la tienes, todos pasan a relajarse, a respirar, y un robo ahí, con tan poco espacio por la telaraña que tú mismo has tejido, es un gol del contrario. Así es el fútbol, los antídotos suelen ser el auténtico virus. En el fútbol hay que medir.

El repliegue intensivo

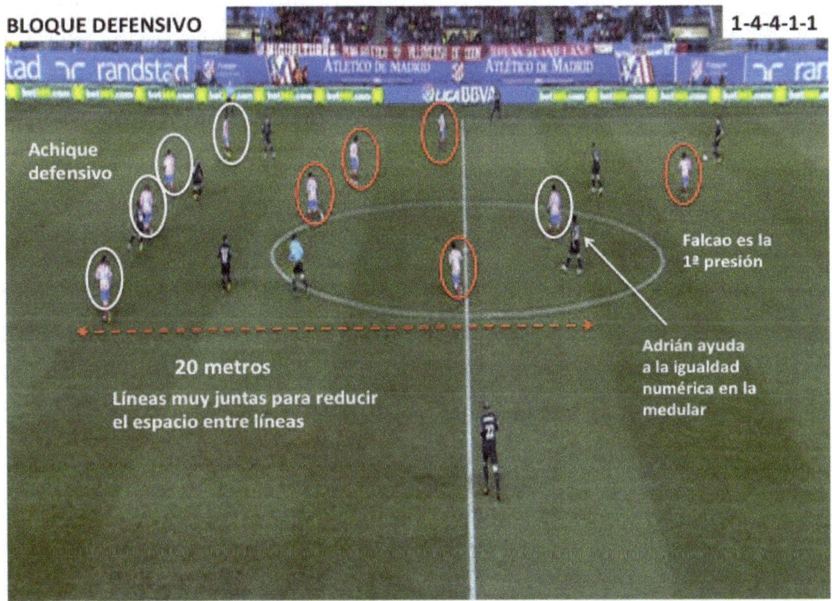

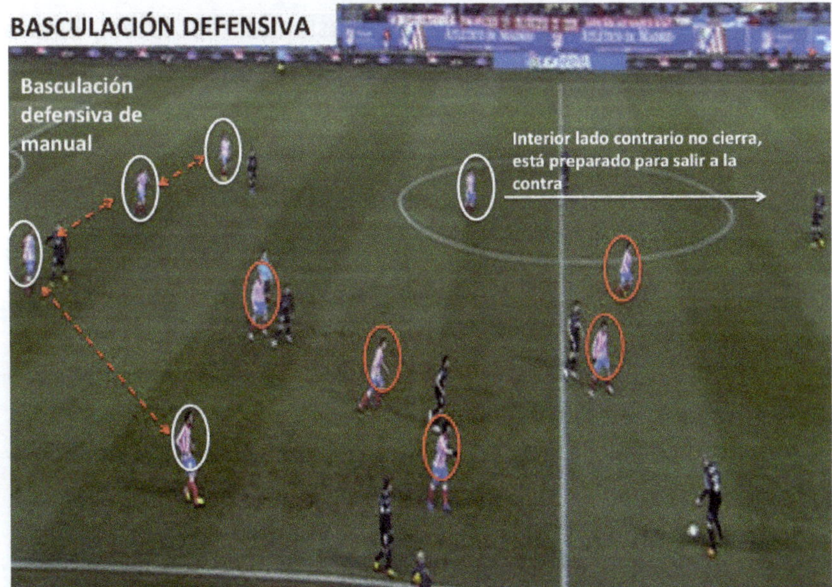

TODO EL EQUIPO METIDO EN EL LADO DEL BALÓN.

Las acciones a balón parado

La pelota parada ha servido para ganar muchos partidos. Al Atlético y a tantos y tantos equipos. Hay quienes no le prestan demasiada atención, pero eso no deja de ser una ingenuidad o una prepotencia. Puede ser que no te interese -nunca para los perfeccionistas- porque vas sobrado. Lo que es un regalo -si compites, al enemigo, respeto, pero, desde luego, ni agua- es no trabajarla, cuando ésa es la diferencia entre vencedores y vencidos. Afirmaba Luis Aragonés, a finales del siglo pasado, que más del 60 por ciento de los goles surge desde la pelota parada. No le faltaba razón, tanta como cuando decía que los títulos se deciden en los últimos diez partidos y que hablar antes es casi tontería. Simeone fue más allá que Luis. Ni hablar de títulos hasta el momento final. Lo importante, el partido siguiente.

En el trabajo de la estrategia la jerarquía es del "Mono" Burgos. El portero siempre ha sido uno de los buenos amigos del Cholo, pero no se incorporó a su cuerpo técnico hasta su fichaje por el Catania. Allí se fueron juntos a Sicilia. El "Mono" Burgos había entrenado al Carabanchel y era un apasionado del fútbol, la música y la vida. Ocupaba la vacante dejada por Nelson Vivas, que había decidido emprender su camino como entrenador en solitario. Ambos tienen algún aspecto en común. Uno es el carácter. Vivas, siendo entrenador del Quilmes, se fue directo a por un aficionado, y el "Mono" Burgos, en el derbi contra el Madrid de diciembre de 2012, se fue directo hacia Mourinho para decirle: "Yo no soy Tito, te arranco la cabeza".

Los partidos contra el Real Madrid suponen mucho para Germán. Recordado por todos ese penalti que le paró con la nariz a Luis Figo. El Madrid sacó de centro y, en segundos, y sin haberla tocado los colchoneros ya tenían un penalti en contra. El Madrid siempre marcaba al principio contra el Atleti, como si fuese una especie de maldición que les persigue. Fue una de las grandes mejoras competitivas conseguidas con este cuerpo técnico, aunque la excepción llegó en el Calderón, en marzo de 2014 y con la Liga en juego. El Madrid, sin

que los colchoneros rompiesen a sudar, ya estaba por delante. Los rojiblancos remontaron y con 2-1 hubo un posible penalti a Diego Costa. Era media Liga. El árbitro no lo pitó y el "Mono" Burgos salió a comerse al colegiado. Y poco faltó. Qué carácter, qué fuerza, qué determinación. Nadie lo paró, aunque todo quedó en un uno contra uno para el recuerdo. Germán, quedaba tiempo para el final, le metía toda la presión al colegiado. De manera ilícita, pero ahí lo dejaba, y fue expulsado. Un Calderón en ebullición.

La inspiración en la estrategia viene del Mundial de 1998. Allí el capitán era el Cholo. Burgos estaba en el arco. También estaba Nelson Vivas. Passarela era el seleccionador. El combinado estaba enfrentado a los medios de comunicación en una guerra que no ayudó a nadie. En ese Mundial fue muy sonada la jugada de estrategia que sirvió para el gol de Zanetti -otro de los grandes amigos del Cholo- contra Inglaterra. Era una imitación de uno de Brolin -joven promesa sueca- en el Mundial del 94. Años después lo haría el Barça de Guardiola, con Messi como ejecutor, y lo repetiría el Atlético en el partido de Champions contra el Porto en A Dragao.

Corría el minuto 44 del primer tiempo. Verón jugó para el "Piojo" López. Sol Campbell, para evitar que el "Piojo" se girarse, hizo falta al zurdo en la frontal. Adams lo remató. No podían con él. Lo atropelló. Aquello no era fútbol inglés, la albiceleste la raseaba y los centrales ingleses sufrían porque ese fútbol no era el que jugaban cada semana en su Liga. Ahí se gestó la jugada.

Pelota parada. En la frontal. Batistuta amenazaba con el golpeo de fuerza. "Batigol" tenía un cañón y competía con Shearer como "killer" desde años atrás, considerando que Ronaldo Nazario era de otra categoría. Verón estaba a su izquierda, Zanetti en la barrera. Bati pasó por encima y todos se relajaron. "Si no tira Batistuta, quién tira", debieron pensar. Quedaban Verón y su golpeo de colocación, pero la "Bruja" tocó con el interior por fuera de la barrera. Era un último pase en toda regla al desmarque de Zanetti, que en lugar de golpear con la derecha hizo gol con la izquierda al palo largo. Siempre ha sido grande el capitán neroazzurro.

ATLÉTICO DE MADRID: ACCIONES A BALÓN PARADO OFENSIVAS
BLOQUEOS + GENERACIÓN DE ESPACIOS LIBRES PARA EL REMATE

CLAVES:
1. BLOQUEO DE TIAGO PARA LIBERAR A VILLA
2. DESMARQUE AL PRIMER PALO PARA ATRAER A BALE Y OBLIGARLE A CERRAR ABRIENDO LÍNEA DE PASE A LA ZONA VILLA.
3. PRECISIÓN Y PASE "TENSO".

ATLÉTICO DE MADRID: ACCIONES A BALÓN PARADO OFENSIVAS
BLOQUEOS + GENERACIÓN DE ESPACIOS LIBRES PARA EL REMATE

CLAVES:
1. VILLA UTILIZA LA BARRERA PARA SU MOVIMIENTO DE DESMARQUE
2. ZONA DE REMATE + JUGADORES A LA SEGUNDA JUGADA.
3. PRECISIÓN Y PASE "TENSO".

El gol de Zanetti a Inglaterra en el Mundial de 1998

Quince años después, el Atlético sufría en Do Dragao. Era un partido que tenía más de reválida que de otra cosa. Había que empezar a enseñar las garras y nada mejor que contra el Porto.

Falta en la frontal. Gabi, a la ejecución, y Arda Turan, tirando el desmarque. Precisión y esta vez, sí, y no como Zanetti, el turco golpea con la derecha cruzado doblando las manos de Helton, arquero del Porto. Simeone y el "Mono" Burgos se fundieron en un abrazo al igual que lo habían hecho contra el Almería en una jugada similar -esta vez por dentro y tras bloqueo-, donde Gabi había jugado para el desmarque y posterior gol de Tiago. La pizarra funcionaba.

La pizarra del "Mono" Burgos. El gol de Arda

ATLÉTICO DE MADRID

Juego de estrategia. 2013/2014

LA PIZARRA DEL MONO BURGOS

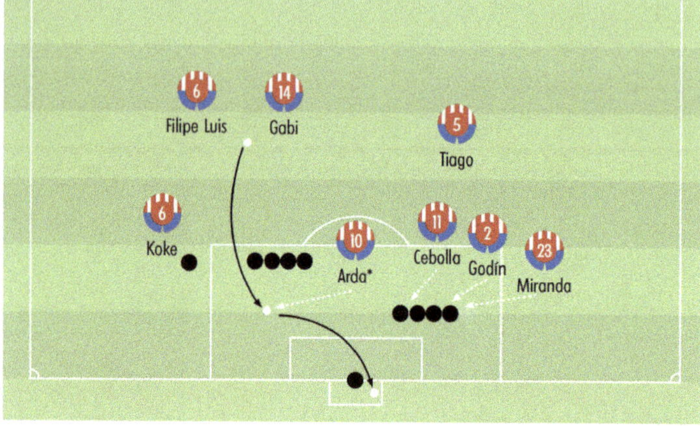

● Jugador rival.

Los movimientos de Miranda, Godín y Cebolla provocan que Arda no caiga en fuera de juego.

ARGENTINA - INGLATERRA

Juego de estrategia. MUNDIAL '98

EL GOL DE ZANETTI

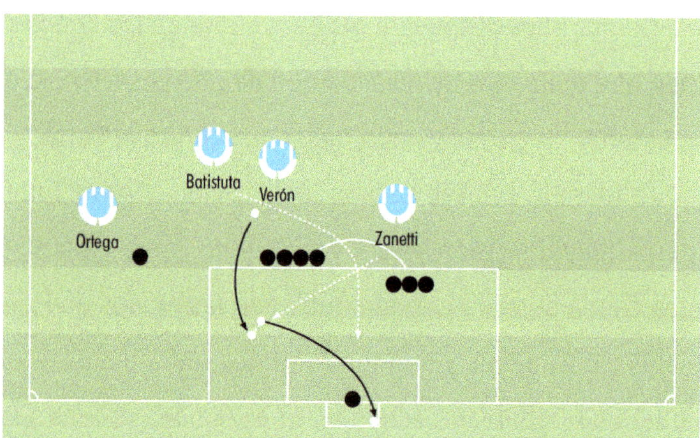

Simeone, capitán albiceleste.

● Jugador inglés.

El gol de Tiago

ATLÉTICO DE MADRID
Juego de estrategia. 2013/2014

3-1 Tiago. Minuto 64

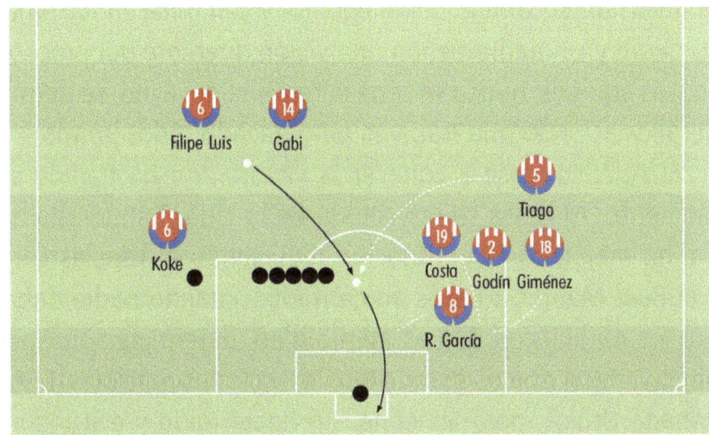

Jugador rival.

"Lo que entra en la cabeza, de la cabeza se va. Lo que entra en el corazón se queda y no se va más". La preparación psicológica.

La cita es de Atahualpa Yupanqui. Seudónimo de Héctor Roberto Chavero. Cantante, guitarrista, poeta y escritor argentino. Un artista, en definitiva. Un pensador que dejó muchas citas para el recuerdo, tantas como va dejando en el camino el Cholo. Hablan desde el corazón, le ponen racionalidad, ambos son maestros de eso tan moderno que llaman "coaching".

Como decíamos ayer, Simeone divide a sus jugadores en dos grupos. Los que le escuchan y los que no lo hacen. Estos últimos están fuera. No pierde ni un segundo. No quiere a ninguno que no le siga. Esa batalla no se libra, simplemente no comparece, evitando así diálogos que no sirven más que para perder el tiempo y enrarecer el ambiente. Una vez despejada la duda, la comunicación es más sencilla porque Simeone sólo tendrá que hablar para aquellos a los que puede llegar, evitando así desgastes innecesarios.

El profe Ortega lo pone todo en el calentamiento. Simeone convence desde el conocimiento. Germán Burgos es directo con el jugador. Forman un buen equipo de trabajo. Se conocen y están unidos, no hay fisuras. Este detalle es fundamental porque el futbolista detecta a la primera cuándo los técnicos van flojos de conocimiento o justos de esfuerzo. Si uno piensa blanco y otro, negro, los jugadores aprovechan el camino del miedo, tal y como hacen los niños cuando su padre y su madre tienen una visión diferente del proceso educativo. Los equipos, nunca se sabe la fórmula del éxito, se derrumban por detalles así. Hay que trabajar, pero hacerlo todos juntos.

El Atlético, pese a conocer la victoria, no ha bajado en ningún momento. Ahí está su trayectoria en la Liga. Temporada a temporada, ha mejorado la puntuación reduciendo distancias con el Barça y el Real Madrid a pasos agigantados, cuando nadie daba un duro por los rojiblancos. Eso es mentalidad, determinación, saber que el objetivo final es más grande que las victorias parciales. El Atlético ha ganado títulos, pero Simeone, sin hacer ruido y evitando cualquier presión, ha jugado para ganar la grande. Derribar al Madrid y al Barça, ése era el punto final de este equipo.

Para conseguirlo no quedaba otra que refugiarse en la cultura del esfuerzo y en la percepción popular del milagro. Quedaban siete jornadas para el final de la Liga 2013-2014. El Atleti iba líder, con un punto de ventaja sobre el Barça y tres -con el "goal-average" ganado- sobre el Real Madrid. Los colchoneros jugaban contra el Athletic en la Catedral. Los locales estrenaban nuevo estadio y el Atlético, en Copa, había sido el único en ganar allí. Tres días después se jugaría la ida de los cuartos de Champions contra el Barça.

Se avecinaban emociones fuertes, y para darle esa fuerza interior al grupo, Simeone pensó que lo más conveniente era que no hubiese mayor emoción que la que se iba a vivir con la charla de Irene Villa. Tras ella, el fútbol quedaría muy por detrás de la vida.

Irene Villa y su madre tuvieron un atentado de ETA en 1991 en el que ambas sufrieron gravísimas amputaciones. Irene es periodista en la actualidad y un ejemplo de superación. Pocos podrían plantarle cara a la vida con tanto optimismo. Los jugadores se emocionaron

y sintieron lo que era ser una luchadora. Ellos creían que eran un ejemplo de ello, pero vieron cómo ese adjetivo no lo merecían en absoluto. Eran unos afortunados, capaces de provocar la alegría de la gente a partir de su sudor y esfuerzo, pero no le podían decir a nadie que ellos se sacrificaban mucho, porque no llegaban, ni de lejos, a la lucha constante, diaria, gigante, de Irene Villa.

"Ganar está muy cerca de perder, pero nunca hay que dejar de luchar. Siempre hay que estar alerta, porque la vida te puede golpear muchas veces, pero hay que levantarse después de cada caída. Hay que saber encajar tanto el éxito como la adversidad. Hay que pelear día a día, sin dejar escapar ninguno". Fueron algunas de las palabras de Irene a los jugadores. Muchos desconocían la historia, pero todos se fueron convencidos de que tenían que creer, como decía el Cholo, pero también disfrutar el trayecto. Eran unos privilegiados cuyo obstáculo más grande podía ser el miedo.

El camino de los títulos y los nombres propios

Habíamos dejado al Atlético tras el primer partido del Cholo en el Calderón. Días después golearía 0-4 a la Real Sociedad en Anoeta, con un partido que empezó con un penalti provocado por Diego por mano de Demidov en el primer minuto de juego. Falcao hizo un "hat-trick", y el equipo empezaba a tener cara y ojos y a los hombres elegidos: sólo quedaba competir. En la Liga 2011-2012 los rojiblancos fueron ganando posiciones a partir de la consistencia defensiva. Tras Málaga, Villarreal y Real Sociedad, llegarían Osasuna, Valencia, Racing de Santander y Sporting de Gijón. 10 puntos de 18 posibles, el registro pudo ser mejor, ya que los colchoneros habían tenido opciones de gol para sumar más puntos, pero lo increíble era que el equipo sólo había encajado un gol en esos seis primeros partidos. Sebastián Eguren, mediocentro uruguayo del Sporting llegado del Villarreal, había tenido el honor de ser el primero en hacerle gol a ese Atleti del Cholo en Liga. Se repetían los procesos de los equipos del Cholo. Había vuelto a suceder.

Esperaba el Barça. Una prueba de nivel, aunque en la Europa

League, antes de jugar contra el Barcelona de Guardiola, esperaba el Lazio. Un reencuentro con el pasado en toda regla para Simeone. Roma y el Estadio Olímpico. ¡Qué recuerdos para todos! De aquélla, como suele ser de rigor, viajaron Antoñito Ruiz, persona que se encarga del Atleti en la Cope, y Rubén Martín. Disfrutaron de la "Cità Eterna". Antoñito ya era confeso del Cholo desde el primer minuto. Creía en la competición. Tenía palpitaciones y era de los pocos en creer que esa competición, la Europa League, bien podría ser colchonera. Al final, todo fue según sospechaba. Lo celebró y lo sigue celebrando.

El Barça llegaba necesitado de los puntos. Se habían propuesto ganar la Liga, pero tenían en contra los puntos perdidos en días donde los de Pep tenían que sumar los tres sin ningún tipo de excusa. Quince días antes se habían dejado la Liga en El Sadar -es difícil sustituir los nombres de toda la vida por los comerciales que endosan ahora a los estadios- contra el Osasuna. El final de la "era Guardiola" estaba más cerca de lo que se podía imaginar cualquiera. La conjura no funcionó y Pep sintió que ya no llegaba a los suyos. Fue su último y único partido contra el Cholo Simeone. El Barça mandó, tuvo una posesión exagerada, pero al final salió el genio de Messi de la lámpara y ganó de falta directa, en una genialidad que pilló a contrapié a Courtois. El Barça, pese a la victoria, no pudo remontar una Liga que ganó el Madrid de Mourinho batiendo récords. Fue la Liga de los 100 puntos.

El Atlético acabó quinto y haciendo 13 de los últimos 15 puntos, a dos de la plaza Champions, que fue para el Málaga. Ésa, la primera del Cholo, fue la temporada de la Europa League. Lazio, Besiktas, Hannover 96 y Valencia pasaron por la piedra. El Atlético estaba en la final de Bucarest. El rival era el Athletic de Bielsa. Los del Cholo llegaban imbatidos a la final, pero los del "Loco" había conseguido emocionar a los suyos con una victoria en Old Trafford que ha quedado grabada en la historia del Athletic Club.

La final de Bucarest

"No vengo a recordar momentos. Vengo a jugar una final". Así de rotundo se mostraba el Cholo en la rueda de prensa previa a la final. No quería nostalgias ni distracciones. Pasteleos, los justos. El rival siempre es el enemigo y cuanto más lo sea, mejor para todos. Sólo puede quedar uno, en Bucarest y en cualquier final que se precie, así que el "que se besen" no es un código que el mundo del fútbol admita bien. Respetaba a Marcelo Bielsa, aún más al profe Claudio Vivas y a la gente que le rodeaba, pero la amistad con el enemigo no es un buen punto de partida para salir a jugar una final.

Marcelo Bielsa lo basaba todo en los triángulos ofensivos. Simeone, en los cuadrados. Una lucha geométrica que se empieza a palpar desde que los niños se inician en el fútbol sala. Rombo contra cuadrado. Ahí, con los niños recién salidos del potrero, ya hay que elegir sistema. La final también representaba el reencuentro. Bielsa había sido el seleccionador de Argentina en el Mundial de 2002, el último de Simeone con la albiceleste. Habían pactado no hablar de la final, ganase quien ganase, hasta un mes después. Se respetaban. No eran maestro y alumno; eso se hubiese dado de jugar la final contra el "Narigón" Bilardo.

Simeone es carácter. Bielsa, determinación. El primero siempre ha sido un dictador en el terreno de juego. Era fuerte, pegaba y gritaba. Hacía kilómetros y no se achicaba nunca. Como jugador, el Cholo siempre doblaba la apuesta. Marcelo, como técnico, nunca ha cedido ni un metro. Sus convicciones futbolísticas son algoritmos universales. Si el "Loco" dice que el desierto es una verde pradera, lo es. Sin discusiones. Sin posibilidad de apelaciones. Ésa es la fuerza de Bielsa, sabe lo que quiere, lo repite hasta el agotamiento y le da al fútbol una dimensión transcendental. El paso del tiempo fue serenando al "Loco", haciendo más cordial su relación con el jugador y siendo más asequible para la prensa. Pero no más. Eso ya era un esfuerzo mayúsculo.

Simeone es tan cercano como contradictorio. En su momento, con ocasión del Mundial de 2002, dijeron que aquello había acabado mal entre ambos. Puede ser, ya que Argentina quedó eliminada y ese dolor es difícil de asumir. Lo cierto es que acabaron todos llorando en el vestuario. Nunca antes se había visto a Marcelo Bielsa llorando como un niño. Simeone, recordando aquello, dijo: "Terrible. Esa tarde vi que más allá de la fama y el dinero, el que lloraba era el hincha. Yo estaba igual que mis compañeros: hecho mierda".

Se jugaba contra Suecia. Último partido de la primera fase del

Mundial de Japón y Corea. Tenía que ganar Argentina. Nadie podía pensar que aquello iba a ir mal, pero no iba a ser fácil ya que la albiceleste había sacado una victoria contra Nigeria y una derrota contra Inglaterra. En la previa, el "Loco" decidió que Simeone no sería de la partida. Aquella decisión se atribuyó a temas físicos, pero es difícil entender que el Cholo lo hubiese aceptado fácilmente. Pese a no jugar, todos lo recuerdan como su último partido con la albiceleste. Cosas del fútbol, como el gol de Pelé, aquel que nunca llegó a marcar. Simeone salió ante los medios de comunicación como líder que era. Defendió a ultranza el método Bielsa pese a que se ha demostrado que esa manera de jugar no la siente. Fue honesto, líder, capitán. Lo intentaron todo, por dentro, por fuera, pero no salió nada. Habían muerto de pie. Era el último Mundial para él y para Batistuta, y se habían ido llorando y deshechos, tal y como el Cholo declaró por aquel entonces. Ese 12 de junio de 2002 ya no tendría vuelta atrás.

La final era un reencuentro. Aquel día me tocó escribir el análisis previo del partido. Era un sueño cumplido poder escribir de fútbol en el diario "Marca". De niño leía más periódicos deportivos que cuentos infantiles. Me iba de campamento y le pedía a mi padre que me guardase todos los periódicos para leerlos después. Ahora analizo fútbol, pero todo empezó en los tiempos que Drazen Petrovic desgarraba al Madrid de Fernando Martín y Corbalán o al Zalguiris de Arvidas Sabonis. De aquélla, en el diario "Marca" se escribían las maneras de frenar al genio de Sibenik. Yo era un niño, pero ahí nació mi interés por la táctica y el "scouting".

ARTÍCULO DIARIO "MARCA", 9-5-2012. ANÁLISIS FINAL DE BUCAREST

Bucarest, último paso en el camino de la gloria

Bielsa y una temporada de ensueño, Simeone y la tabla de la salvación. Rojiblancos todos ellos. Antagónicos en los modos, cercanos en el punto de partida. Ninguno de los dos juega, el fútbol es de los jugadores, pero ellos marcan un camino donde el sentido colectivo y la intensidad son el punto de partida para alcanzar el rendimiento.

Bielsa entiende el fútbol desde los emparejamientos individuales,

en sus análisis del rival configura su puzle. Su visión es analítica, extrae segmentos del juego y los repite hasta la saciedad para hacer del fútbol un ejercicio memorístico.

Le viene genial que jueguen sus intocables, meter piezas nuevas condiciona la sincronización. Simeone busca en la organización defensiva su estructura, roles muy definidos y la superioridad numérica por dentro como plan alternativo a la virtud del contraataque. Sus esquemas tiran de cuadrados; los de Bielsa, de triángulos.

La transición, el momento decisivo

Presión tras pérdida, repliegue rápido y una ofensiva letal. El fútbol son cinco segundos para ellos, abrirse a la velocidad del rayo para atacar, cerrarse y replegar antes de que el rival tenga la posibilidad de progresar. Ahí estará la final, en la precisión de uno y otro en ese primer momento. Los errores no forzados condicionarán el éxito y el fracaso, por lo que es un día para reducir las emociones y encontrar el nivel de activación adecuado. El Athletic juega a campo completo y el Atlético, en 25 metros. Ida y vuelta o control del juego, la posesión del balón es un bien necesario para unos y para otros.

El marcaje a Llorente

El Athletic mezcla el fútbol, en el lado diestro tiran de juego asociativo y técnica individual; en el lado izquierdo, de llegada al espacio y despliegue físico. Llorente es la referencia. Básico defenderle por delante, Godín será el elegido de oscurecer al Rey León para que éste sea invisible a sus compañeros. Marcaje tipo sandwich, con Mario Suárez en las ayudas por delante, y por detrás los centrales, con un detalle a controlar, y es que los defensas colchoneros deben ir una jugada por delante a nivel mental, porque tras Llorente siempre va De Marcos, el llegador.

El contraataque colchonero

Anticiparse es neutralizar a los "leones". A Bielsa le emocionan la verticalidad y los duelos individuales. Ahí, en los pases verticales, es donde el Atlético tiene su momento de contraataque. Las marcas de los defensas tienen que ser cercanas y con la distancia precisa para anticiparse. De Marcos, Llorente y Susaeta suelen recibir en la zona entre líneas de espaldas. Anticiparse, dársela a Diego y que éste lance

en profundidad a Falcao podría ser el camino para el gol del Atleti.

Muniain y el ritmo de Ander Herrera

Supera el uno contra uno, es un pequeño diablo en tierra de gladiadores. Es el cambio de ritmo, el que permite generar superioridades en un equipo donde la manija es cosa de Ander. Susaeta es alto nivel, Iraola es lateral con alma de organizador y Javi Martínez el que permite que todos los demás jueguen con ventaja desde el primer pase. La presión de Falcao y Adrián, obstruir la diestra de los "leones" será una obsesión para un Simeone que sabe que el Athletic Club te atrae por derecha y te fulmina por izquierda.

El Atlético y la teoría de los sistemas

Adrián marca el posicionamiento. El 11 del Cholo es tan reconocible como el del "Loco". Juegan el 1-4-4-2, tiran del 1-4-2-3-1. La clave es el cuadrado interior, los vértices inferiores podrían ser para Mario y Gabi, los superiores para Diego y Arda, diestros que condicionan su posicionamiento en función de su naturaleza. Ahí tira el Atlético de superioridad para controlar el juego, Diego y Arda contra Iturraspe, dos para uno. Bielsa tendrá que decidir quién ayuda a Iturraspe, si Ander o De Marcos. Eso limitará la progresión de los colchoneros; sin fútbol desaparece la pegada ganadora de Falcao, pero los colchoneros, como el Athletic con Muniain, tienen un elemento imprevisible, Adrián López. El 7 te acerca a la gloria en un arrebato. Es un día para atreverse y soñar; no disfrutar te lleva al abismo.

Esa final sólo podía tener un ganador. Como todas, pero aquélla, más. El Atlético no se iba a clasificar para la Champions y una derrota en la misma volvería a traer los viejos fantasmas. El Athletic Club, en cambio, tenía dos finales. La final de Bucarest y la final de Copa del Rey contra el Barça. Perdería las dos y eso sería el principio del fin de Bielsa. No por las derrotas, sino por la deriva de las mismas y los conflictos que se derivarían de la salida de Javi Martínez y Fernando Llorente. El primer tercio de partido era clave, salir a intimidar, demostrar deseo y ganar los balones divididos, para que medio estadio se viniese arriba y la otra mitad no tuviese más respuesta que preocupación y silencio. Bielsa y Simeone eran entrenador de mensaje corto y en vena. Las emociones iban a ser tan decisivas como las tácticas de unos y de otros.

Banda derecha: inicio del juego combinativo

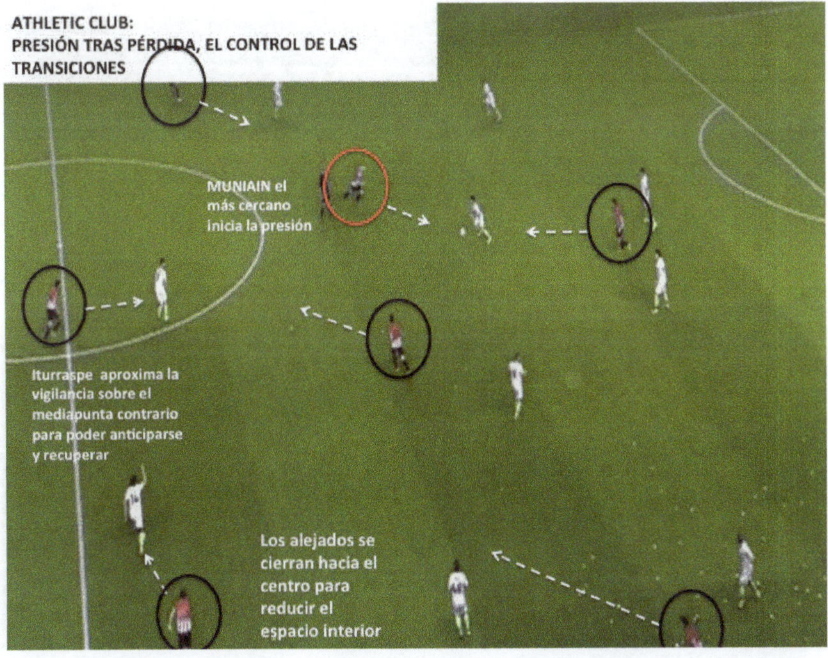

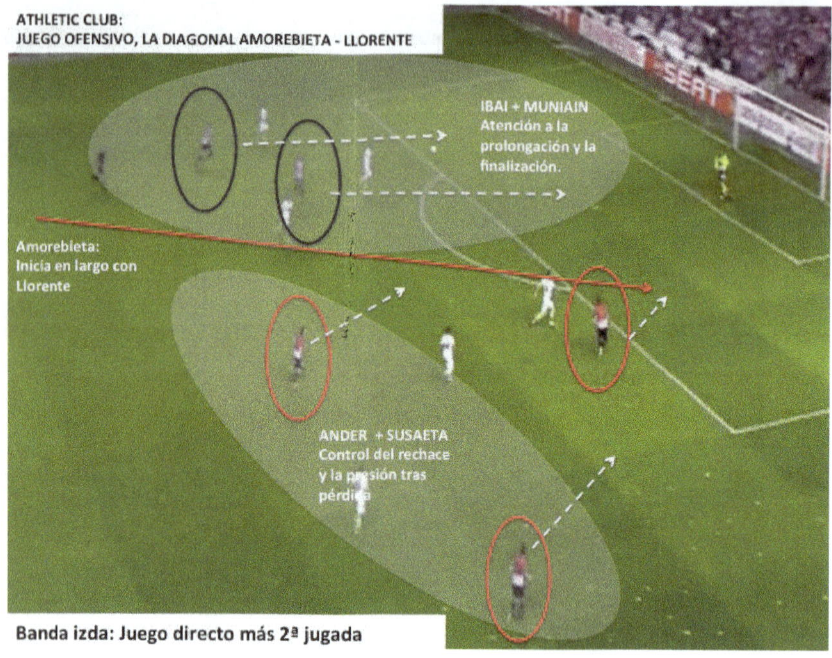
ATHLETIC CLUB:
JUEGO OFENSIVO, LA DIAGONAL AMOREBIETA - LLORENTE
IBAI + MUNIAIN
Atención a la
prolongación y la
finalización.
Amorebieta:
Inicia en largo con
Llorente
ANDER + SUSAETA
Control del rechace
Banda izda: Juego directo más 2ª jugada

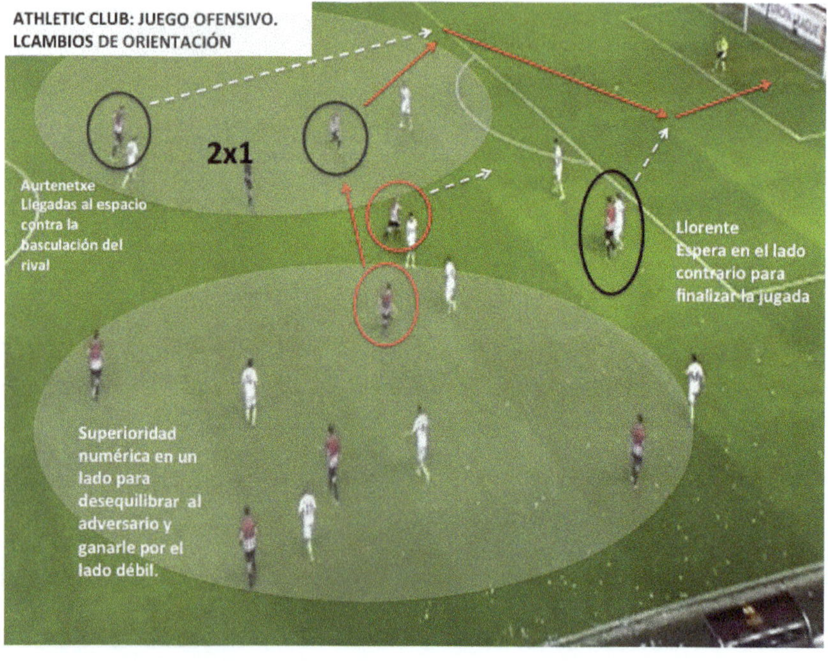
ATHLETIC CLUB: JUEGO OFENSIVO.
LCAMBIOS DE ORIENTACIÓN
2x1
Llegadas al espacio
Llorente
Superioridad
numérica en un
lado para
desequilibrar al
adversario y
ganarle por el
lado débil.

El planteamiento del Cholo Simeone en la final de la Europa League

ATLÉTICO DE MADRID
Final Europa League 2012

9-5-2012

1-4-2-3-1

1-4-4-1-1

Juanfran* 20
Atento a los movimientos de Marcos.

Godín* 2
Marcaje a F. Llorente en el balón parado.

BLOQUE EN 30m

Diagonal de contraataque del jugador de banda.

PRESIÓN ZONA 2

Diego* 22
La manija. Interior en ataque.

Falcao* 9
Primera línea de posesión. Tapaba la salida de balón de Javi Martínez.

Filipe Luis* 6
Subidas muy selectivas. lo primero, defender.

Fase ofensiva

MÁLAGA - ATLÉTICO DE MADRID

Liga BBVA. Jornada 18. 2011/2012

9-5-2012

FASE OFENSIVA

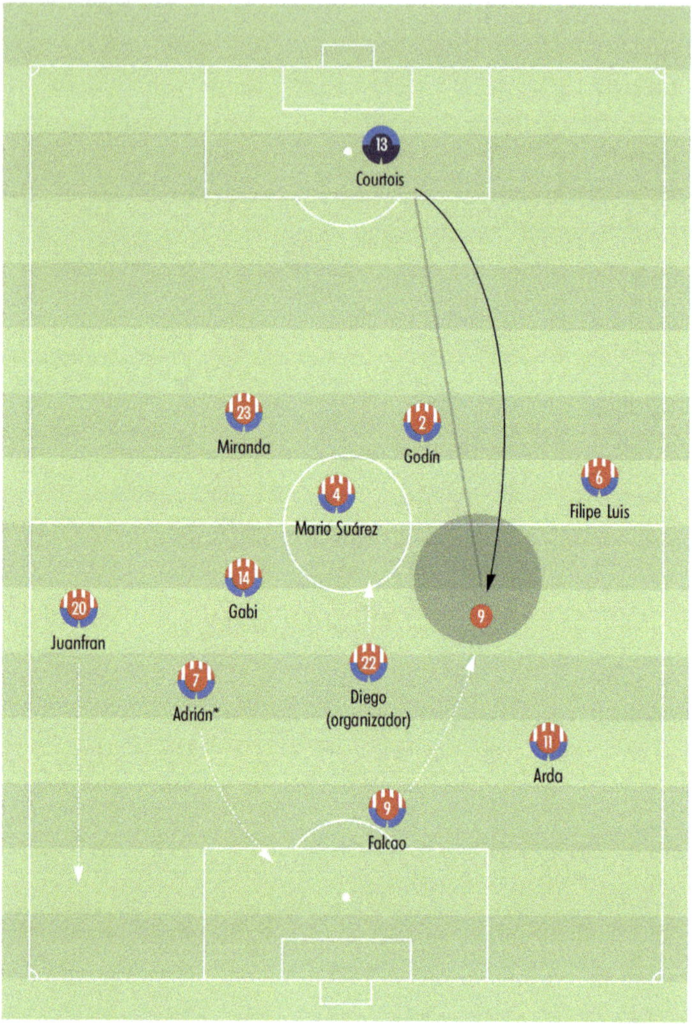

13 Courtois
23 Miranda
2 Godín
6 Filipe Luis
4 Mario Suárez
14 Gabi
20 Juanfran
9
7 Adrián*
22 Diego (organizador)
11 Arda
9 Falcao

Adrián vs. Amorebieta
+
Falcao vs. Javi Martínez

DOBLE 9 EN ATAQUE

Adrián* 

Doble '9' con Falcao.

El planeamiento del Cholo: fase defensiva

La defensa del balón parado era uno de los detalles que los del Manzanares debían manejar. Las marcas superaron a los atacantes y sin ese detalle y con un Atlético que salió a esperar, los de Bielsa se llenaron de errores. La defensa en propio campo con la idea de recuperar la pelota en la zona dos -recuerden la división del campo en cuatro partes iguales desde la portería que defiende tu portero- del terreno de juego. La posesión era del Athletic, los colchoneros no la querían, siendo el plan dejarse querer. La clave, tal y como habíamos dicho, fue la anticipación de los defensas colchoneros sobre los atacantes del Athletic cuando estos recibían de espaldas. Era recuperar, dársela a Diego Ribas y que Falcao tirase el desmarque. Era previsible, el fútbol no suele ser así , pero aquel día se volvió a dar lo esperado. Ahí decantó la balanza el Atlético.

El plan de contraataque

ATLÉTICO DE MADRID - ATHLETIC

Final Europa League. 9-5-2012

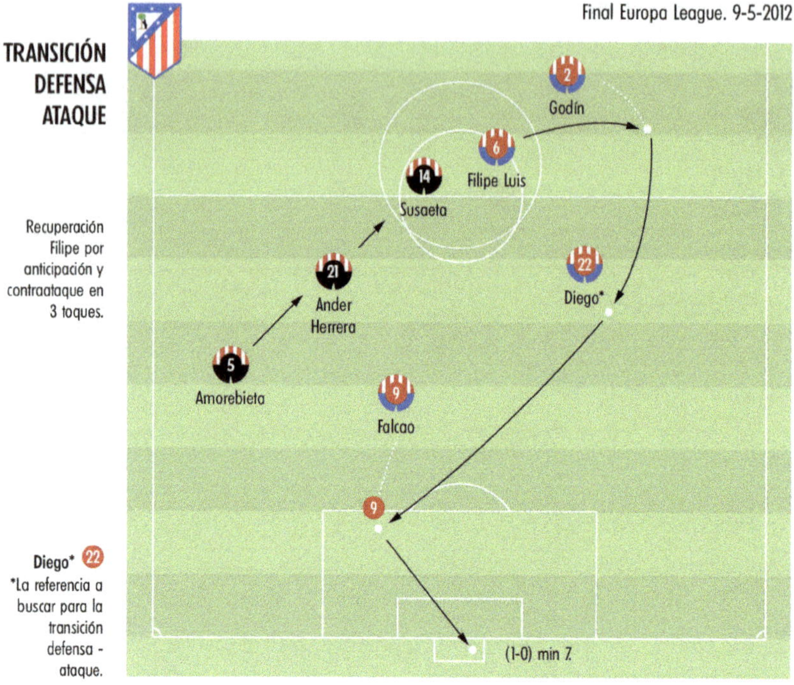

Libertad absoluta para Amorebieta para sacarla jugada. El central zurdo tenía por rutina jugar en largo a Fernando Llorente o tirar la diagonal sobre Susaeta. Era habitual en el desplazamiento en largo. Era un día para jugar fácil, la diagonal anterior le había salido mal, así que se la dio a Ander Herrera, hubo un tuya-mía entre ambos que acabó con Ander buscando a Susaeta entre líneas. Habían caído en la trampa. Filipe persiguió a Susaeta, Arda le cubrió la posición y consiguió anticiparse y recuperar, soltando rápido para Godín. El uruguayo la tocó en vertical a Diego Ribas, que tenía la obligación de ofrecerse en ese tipo de situaciones, y éste en profundidad sobre Falcao. La primera contra fue suficiente para que el Atlético se pusiese en ventaja. La ansiedad sólo podía ser para el Athletic. Ir por delante fortalecía el plan, ya que los de Simeone sabían que su fuerza estaría en la capacidad para mantener la portería a cero y darle

balones a Falcao.

El segundo, superada la media hora, también fue de Falcao y, como no podía ser de otra manera, nació de la presión. Diego Ribas lanzó un balón parado que se fue largo, ahí recuperó Amorebieta, pero éste, víctima de un 2x1, perdió la pelota ante el acoso en el lateral de su área por la parte diestra. En menos de lo que canta un gallo tras el error del central, Falcao había metido gol. El título estaba a un paso. Diego Ribas, en los minutos finales, certificó la victoria con el tercero. El brasileño hizo una gran jugada jugando con la pausa y la aceleración, utilizando la diestra en la conducción, y la izquierda, todos los goles se marcaron con esa pierna, para acabar. El Atlético era campeón otra vez de la Europa League. Sonó el "Viva la vida" de "Coldplay" y, cómo no, el "We are the champions" de "Queen". El Cholo, en la rueda de prensa posterior al partido, manifestó que estaba feliz. Muy feliz. Por los jugadores, por la gente colchonera y porque al día siguiente los niños se iban a poner la camiseta del Atlético para ir al colegio. No hacía falta decir más.

La Supercopa
"Las finales no se eligen, se juegan y se ganan"

Simeone es determinación. Esta frase lo demostraba. De final en final, y tiro porque me toca. La próxima cita era en Mónaco. Esperaba el Chelsea, de Roberto di Matteo. Los "blues" habían ganado la Champions contra todo pronóstico teniendo a Didier Drogba como factor diferencial y a los españoles Juan Mata y Fernando Torres como piezas importantes en los planes del técnico. La temporada no había sido fácil. En febrero, Abramovich, había cesado a Andre Villas Boas, técnico del triplete del Porto en la temporada anterior, pese a que éste había conseguido la conjura de toda la plantilla en el "stage" de febrero en Mallorca.

Habían ganado la Champions a partir del "catenaccio". Lo hicieron corriendo todos y defendiendo a ultranza el área de Peter Cech. Sobrevivieron a la semifinal contra el Barça y en la final ganaron al Bayern en los penaltis, jugando los bávaros en su feudo. Hubo un momento, el gol de Thomas Müller para el Bayern a los 83 minutos, en el que estuvieron "knock out", pero Drogba, a la salida de un córner, marcó el empate con un magnífico testarazo. Abramovich, tras el éxito, invirtió en talento. Fichó a Eden Hazard y al brasileño Óscar. También a César Azpilicueta. Llegaban a la final buscando el fútbol, pero el Atlético no les dejaría ni un metro en un partido apoteósico de los del Cholo Simeone.

Supercopa de Europa. El planteamiento del Cholo

ATLÉTICO DE MADRID
Final Supercopa de Europa. Fase ofensiva
31-8-2012

1-4-1-4-1

ZONA DE PRESIÓN

Filipe Luis* 3
Incorporación al ataque buscando la superioridad.

EQUIPO EN 25m

Doble pivote tenía todo controlado

CLAVES

- Reducción espacio defensivo. Doble línea de 4 con Mario Suárez como hombre cobertura.
- Corrían salida de balón de los centrales.
- Contraataques verticalescon Arda + Adrián y un Falcao sublime.
- Mentalidad colectiva + precisión táctica.

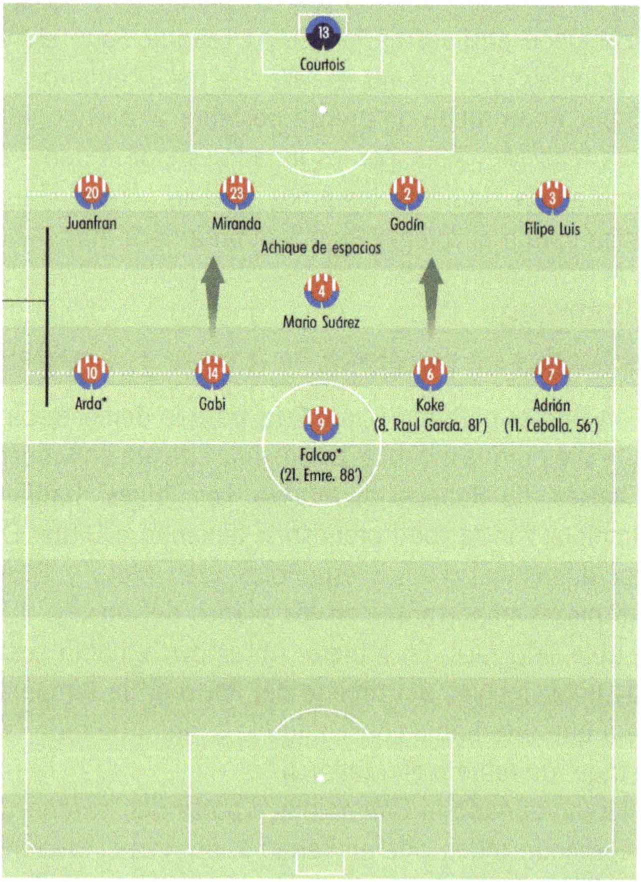

13 Courtois
20 Juanfran
23 Miranda
2 Godín
3 Filipe Luis
Achique de espacios
4 Mario Suárez
10 Arda*
14 Gabi
6 Koke (8. Raul García. 81')
7 Adrián (11. Cebolla. 56')
9 Falcao* (21. Emre. 88')

Arda* 10
Sorprendió por la derecha.

Gabi* 14
Dominio posicional.

Falcao* 9
50 m de contra para Falcao. Movimientos de alejamiento.

Koke* 6
Función de '10' con el Atletico en presión.

Adrián* 7
Velocidad más llegada a la contra.

Un ejercicio de autoridad. Éste podría ser el titular para establecer diferencias entre vencedores y vencidos. Unas finales se ganan, aunque algunas, las inolvidables, se juegan con jerarquía y una superioridad aplastante. La gloria se alcanzó desde la defensa, el rigor táctico, la solidaridad y el convencimiento. Los del Calderón jugaron como un equipo, defendían y atacaban todos, corrían la contra como gladiadores y cerraban todos los espacios al ataque del Chelsea.

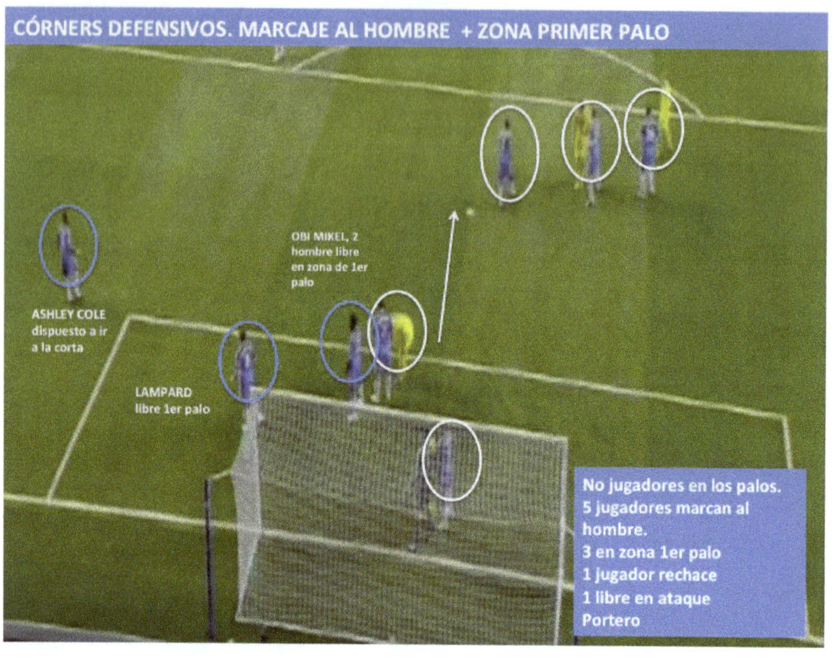
CÓRNERS DEFENSIVOS. MARCAJE AL HOMBRE + ZONA PRIMER PALO
OBI MIKEL, 2 hombre libre en zona de 1er palo
ASHLEY COLE dispuesto a ir a la corta
LAMPARD libre 1er palo
No jugadores en los palos.
5 jugadores marcan al hombre.
3 en zona 1er palo
1 jugador rechace
1 libre en ataque
Portero

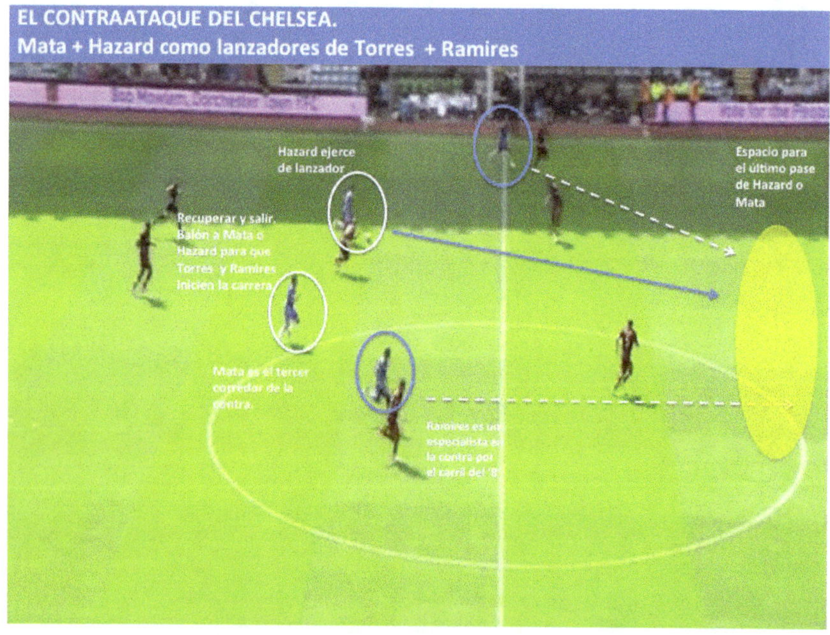
EL CONTRAATAQUE DEL CHELSEA.
Mata + Hazard como lanzadores de Torres + Ramires
Hazard ejerce de lanzador
Espacio para el último pase de Hazard o Mata
Recuperar y salir. Balón a Mata o Hazard para que Torres y Ramires inicien la carrera.
Mata es el tercer corredor de la contra.
Ramires es un especialista en la contra por el carril del '8'

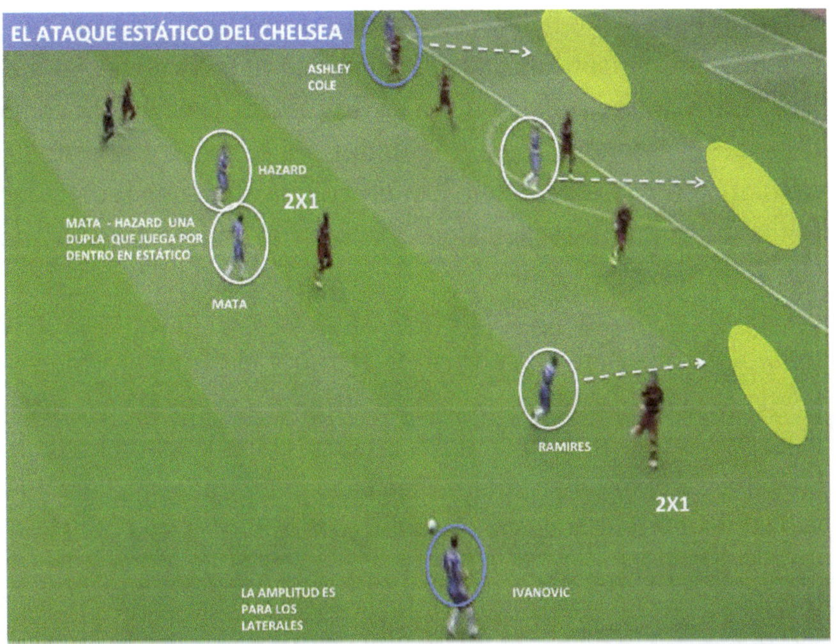

El Atleti salió a por todas. Falcao tuvo dos, una de ellas al palo, en los primeros cinco minutos. El Chelsea cuando se quiso enterar de qué iba el partido tenía dos goles en contra. El achique defensivo fue el principio de la superioridad. Doble línea de cuatro, con Mario Suárez ejerciendo de hombre libre entre líneas para dibujar un perfecto 1-4-1-4-1. La virtud era la reducción de la zona defensiva a 20 metros. La defensa empujaba hacia delante y la primera línea de presión esperaba su momento.

La consigna no era ir a la presión de primeras, sino esperar, no perder la posición, y dejar que el Chelsea acumulase toques y jugadores por delante del balón. La señal para iniciar la presión era la salida del central, David Luiz, en la mayoría de las ocasiones, en conducción, abandonando su sitio. Tras esto, presión y recuperación, contraataques con carriles, y Falcao, realizando movimientos de alejamiento del esférico para evitar que los defensores pudiesen controlar su desmarque y al jugador en posesión del balón.

Falcao fue la punta de lanza, el eslabón ganador de un Atlético que le metió cuatro nada más y nada menos que al Chelsea de

Peter Cech. Pocos lo habían conseguido antes. Letal una vez más, defender es más sencillo cuando sabes que tu 9 las mete. Así fue, recuperar y correr; Arda y Adrián en los carriles, Gabi y Koke como pasadores y Radamel como finalizador. Así se escribió la historia, el Atlético volvía a ser referencia en Europa. Simeone repetía los éxitos de Quique Sánchez Flores. Faltaba el "volver a ganar" de Luis Aragonés.

Se jugó el 31 de agosto de 2012 y ya no quedaba tiempo material para que alguien se volviese loco por el "Tigre" Falcao pagando la cláusula. El colombiano continuaba y eso era un título más. Había marcado cinco goles en dos finales y todo el mundo hablaba de él, oscureciendo al resto de cracks por unos días. Al acabar el partido tuve que escribir en "Marca" sobre Radamel Falcao. Ahí se lo dejo.

ARTÍCULO MARCOS LÓPEZ EN DIARIO "MARCA", 31 DE AGOSTO DE 2012

La pierna "mala" del "Tigre"

Directo al corazón rojiblanco, Radamel Falcao es la punta de lanza de la pasión colchonera, el orgullo del Glorioso y el jugador diferencial que traducía las flechas de la pizarra del Cholo Simeone en armas poderosas que dejaban al adversario, los que son de este planeta, sin respuesta. "Killer" cafetero, el último escalón del contraataque y la manifestación de furia que le pide el Cholo a los suyos.

Falcao apostó por el Atlético, nadie podía imaginar que el Kun Agüero quedase tan atrás. Radamel, en su primer año, ha pasado de "killer" a "crack". Su nombre suena en el "top 5" sin que nadie se sobresalte, ya que todos coinciden en que no hay mejor delantero centro puro que Falcao. Simeone vino meses más tarde, siendo lo suyo una lucha contrarreloj para dotar al equipo de personalidad y un modelo de juego ganador.

Defensa y contraataque, transiciones muy rápidas y un equipo que terminó siendo imparable jugando de local. Cultura del esfuerzo, disciplina con un liderazgo bien marcado y un vestuario donde todos

aportan. Buen clima, esfuerzo en el día a día, ya que la competencia interna es la que activa el rendimiento y respeto absoluto por las decisiones del entrenador.

El fútbol son momentos, recuerdos y sensaciones. Tiempo de finales. La primera contra el Athletic, un rival que llegaba desarbolando contrarios con el aval de una afición entregada. Bucarest fue el momento. Repliegue, defensa en 2/3 de campo, líneas juntas, defensa sobre el balón más que sobre el jugador, y una contra letal que dejaba al Atlético a un milímetro de la gloria en poco más de media hora.

El "Tigre" se comió a los "leones", un futbolista que hizo latir el corazón colchonero con un par de goles inolvidables. El primero, un misil al ángulo, golpeo de zurda tras recorte desde la diestra, cuerpo atrás y un balón que dibujaba una curva exterior para quitarle las telarañas a la escuadra. En el segundo, el arte fue otro. Jugando de espaldas a portería, con un reverso como los de "Magic" Johnson cuando entraba a canasta. Control, giro de tacón y, otra vez, como en el primero, golpeo de empeine interior para fulminar una final por la vía rápida.

Faltaba Mónaco. La Supercopa esperaba. El rival era el heroico Chelsea, un equipo que buscaba invertir su modo de ganar. Pasar de jugar siendo un muro en defensa a mandar en campo contrario. El Atlético se dibujó 1-4-1-4-1 y se volvió a plantar en 2/3 de campo. Desde el primer segundo se percibió que era el día, el equipo de gladiadores colchoneros se hacía presente. Balones a Falcao, ésa era la consigna simple dentro de una organización colectiva de alto nivel. El "Tigre" firmó un "hat-trick", todos ellos con la zurda, dejando a los "blues" sin respuesta, desesperados con su falta de ideas y la impotencia para frenar a un equipo que fue un huracán. El mejor partido de la historia colchonera dicen. Memorable.

"Tenemos un equipo más competitivo que el año pasado"

Simeone, con esta frase, disipó todas las dudas. Razonables todas ellas. El Atlético no había conseguido retener a Diego Ribas y los fichajes no tenían un cartel excesivo. El técnico peleaba en el campo y los dirigentes tenían su partido en el pago a Hacienda y la viabilidad del club. Pese a no clasificarse para la Champions, los del Manzanares consiguieron retener a Falcao. Diego Costa, tras salirse cinco meses en el Rayo Vallecano, volvía al club, junto con Joel Robles y Raúl García. Los fichajes eran Cebolla Rodríguez, Cata Díaz y Emre. En el mercado invernal llegaría Emiliano Insúa. El citado Diego Ribas, "Toto" Salvio, Fran Mérida y Álvaro Domínguez fueron algunos de los que se fueron.

La obligación era clasificarse para la Champions. Los ingresos de esa competición eran más que necesarios. Esto provocó que Simeone rotase en la Europa League con el objetivo de no desgastar al equipo y llegar con furia al final del Campeonato. La fase de grupos fue sencilla. Coser y cantar. En el primer cruce tocó el Rubin Kazan. Era un adversario difícil. Kurban Berdyev es el "Maguregui" ruso. Una vez, contra el Barça de Messi, planteó un 1-6-4. En otra ocasión, ganó en el Camp Nou. Siempre "catenaccio".

Los rusos no querían ni tener el balón ni jugar demasiado. Obsesionados con defender y dejando que las pocas acciones de contra fuesen para Karadeniz y Salomón Rondón. En la primera jugada, con el partido tan gélido como el ambiente, el turco Karadeniz rompió el cero. Pudo marcar el Atlético, pero Ryzhikov -portero de los siberianos- solventó la faena. Quedaban 20 segundos para el final. Bordeando el tiempo cumplido. Córner a favor del Atlético y el Cholo manda a Sergio Asenjo a rematar. Salió mal, muy mal, pero las enseñanzas vienen en el error, ya que en la virtud nadie reconoce nada. Eremenko salió a la contra y se la dio a Rondón que, sin oposición, recorrió medio campo para marcar y cerrar el partido con el 0-2. El árbitro había dejado una jugada más. La vuelta se jugó en el Luzhniki, con apenas 2.500 espectadores, y una temperatura bajo cero. Marcó Falcao en el tramo final y el balón no quiso entrar. El Atleti estaba fuera.

En la Liga 2012-2013 el paso fue de gigante. El equipo acabó tercero, pero no tuvo opción ni siquiera de soñar con el título. La temporada anterior los colchoneros habían sumado 56 puntos, con 53 goles a favor y 46 en contra. Habían sido sólo cinco meses de

competición con Simeone. Un año después, el Atleti acabó con 76 puntos, con 65 goles a favor y 31 en contra. La distancia con el Madrid y el Barça se había reducido, pero de los 12 puntos jugados contra ellos en Liga el equipo no había conseguido sumar ni un solo punto. El Atlético podría mejorar, pero también era necesario que los otros bajasen un poco, ya que el Barça de Tito Vilanova repitió los 100 puntos conseguidos por el Madrid de Mourinho el año anterior.

El objetivo de la Champions por la vía directa se había conseguido, pero las ilusiones estaban en la Copa del Rey. El camino hasta la final fue inmaculado. Como en la Europa League, se llegó sin perder partido con Simeone en el banquillo. Real Jaén, Getafe, Betis y Sevilla fueron los rivales superados. El Madrid esperaba en la final. Quedaron citados el 17 de mayo de 2013 en el Santiago Bernabéu.

"Lo que vale es que sois mejores que estos y que estoy hasta los huevos de perder con estos, de perder en este campo. Lo que vale es que sois el Atlético y hay 50.000 que van a morir por vosotros. Hay que morir por ellos, hay que salir y decir que sólo hay un campeón y juega de rojo y blanco".

Estas fueron las palabras de Luis Aragonés en la previa de la final del 27 de junio de 1992. Aquella final fue repetida una y otra vez. Todo era semejante, aunque el Atlético no tenía ni a Schuster ni a Futre. Había sido un 0-2 en toda regla, con golazo de falta de Bernardo Schuster, cerrando Paolo Futre en un contraataque que acabó siendo de bandera. El Atleti llegaba con las dudas de quien no es capaz de meterle mano al Madrid. La maldición continuaba, daba lo mismo que el Cholo fuese el entrenador, y no parecía encontrarse el antídoto.

Las aficiones dibujan el mapa psicológico de la final. Los colchoneros ejercían de conquistadores, siendo los blancos la resistencia que defendía el territorio. Un reflejo de lo complicado que es jugar una final como falso local. A esto se sumaba la presión de un Madrid que sólo tenía la Copa del Rey como única posibilidad de ganar un título. El ambiente en los blancos estaba enrarecido. Mourinho se iba, Pepe y Cristiano ya no eran de su cuerda, lo de Casillas no tenía vuelta atrás y todo indicaba que su sombra ya parecía un gran enemigo para el Madrid.

El Atlético, con un 1-4-1-4-1, esperaba en propio campo, tapaba la salida de balón de Xabi Alonso y dejaba al Madrid sin espacio para correr. Unos repetían pases, los otros no salían de la cueva.

Diego Costa como falso 7. El planteamiento de Simeone

REAL MADRID - ATLÉTICO DE MADRID
Final Copa del Rey
17-5-2013

1-4-4-2

13 Courtois

20 Juanfran* · 23 Miranda · 2 Godín · 3 Filipe Luis*

4 Mario Suárez*

14 Gabi · 6 Koke* · 10 Arda*

19 Diego Costa* · 9 Falcao*

2xJ vs. Cristiano

Salida a la contra de ambos

Juanfran* 20
Intensidad sobre Cristiano.

Mario S.* 4
Ayudas a los lados.

CLAVES

- Posesión 1-4-4-2 con Diego Costa como falso '7'.
- Los movimientos de Mario Suárez en las ayudas en banda.
- Presión en banda.
- Intensidad individual y colectiva.

Diego Costa* 19
Desde banda sale a presionar a Sergio Ramos.

Falcao* 9
Presión a Pepe.

Koke* 6
Controla la diagonal de Özil.

Arda* 10
Compensa las subidas de Essien.

Filipe Luis* 3
Sale a por Özil entre líneas.

El partido empezó mal para los atléticos. El equipo estaba intenso, preciso en la presión y mostrando agresividad en cada jugada. Buenas sensaciones, aunque el Madrid iba sobrado de calidad individual. A la salida de un córner, en el minuto 13, "Air" Cristiano Ronaldo se elevó y remató a un lado, no dejando otra opción a Courtois que hacer la estatua. Cantaba la afición blanca, y Simeone no dejaba de alentar a los suyos. Tenían que atacar y eso era un riesgo contra un equipo de velocistas como el Real Madrid.

El planteamiento de Simeone ponía el acento en la presión en banda. Por la derecha, Essien tenía vía libre para subir sin oposición. En ese lado el ghanés podía avanzar porque Koke, Arda y Filipe estaban con la única misión de que Özil no tuviese ninguna opción de girarse y encarar. En la izquierda el plan era hacer "la jaula a Cristiano Ronaldo". Un "tres para uno" constante con mucha intensidad por parte rojiblanca. Ahí se gestó el empate, en un robo a Cristiano en banda. Juanfran no le dejó girarse, Koke -en ese momento había intercambiado lado con Gabi- fue a la ayuda por delante y Mario Suárez -para cerrarle por dentro- fue al "tackle" contra Cristiano sin necesidad de rozarle para recuperar y salir con ella jugada.

Mario Suárez jugó sobre Falcao y éste se fue de Xabi Alonso y de Albiol, que venía en su ayuda. Diego Costa corrió la diagonal del falso 7 y el colombiano se la puso en carrera para que el "Animal" hiciese el empate. Mérito de Mario Suárez, de Koke y Juanfran por las ayudas, de Falcao y de Diego Costa. Son los jugadores los que juegan, pero la pizarra había vuelto a funcionar. Fue un punto de inflexión, ya que el Cristiano inspirado dio paso a un jugador que fue perdiendo el pulso al partido, liándose en protestas y acciones extrañas que fueron a más con el paso de los minutos, para terminar saliendo por la puerta de atrás en una final donde él era la individualidad.

Aquella jugada mantuvo vivo al Atleti en la final, aunque ese día el Madrid falló. Pudieron ganar los de Mourinho, pero ese día el destino era colchonero. Los blancos apretaban, el Atlético sufría,

pero en un momento dado -tal y como diría Cruyff-, Simeone se dio cuenta del punto de inflexión. Fue a la salida de un córner. El tercero en pocos minutos en el sector de la afición rojiblanca. Quedaban cinco minutos para el final del tiempo reglamentario y por primera vez en todos los enfrentamientos Simeone percibió el miedo de los blancos. Estaban especialmente tensos y ya se sabe que a ras del terreno de juego eso se nota enseguida.

Empezó a pedirle a los suyos que creyeran, nunca hay que dejar de creer. Prohibido rendirse, aunque el escenario era el de un cuadrilátero. El Madrid pegaba, el Atleti resistía, pero el Cholo percibió que a los blancos les temblaban las piernas pese a seguir golpeando. El Atlético -como Rocky Balboa en la ficción- se vino arriba para reventar la final. La victoria se sustentó en la base física. El profe Ortega no deja de ser otro de los ganadores de este Atlético. En el descanso antes de iniciar la prórroga no se habló de táctica ni de detalles, sino de mentalidad y determinación. Tenían que ir, una y otra vez, ir a por ellos. Esa charla, esa convicción generó la energía suficiente para que en la prórroga sólo hubiese un equipo.

En la primera parte de la prórroga llegó el gol de Miranda. Fue en una estrategia, en una segunda jugada, ya que el córner botado por Koke lo rebotó la defensa del Madrid para volver hacia él mismo. En el segundo intento, el canterano la puso, Miranda se anticipó al primer palo y cuando Diego López se quiso enterar ya estaban todos los colchoneros celebrando en el banderín de córner. Quedaba resistir y ahí los equipos del Cholo no fallan.

ATLÉTICO DE MADRID: EL PLANTEAMIENTO DE SIMEONE
1-4-1-4-1 DEFENSA EN PROPIO CAMPO + CONTRAATAQUE
Tapar a Xabi Alonso era una obligación
DEFENSA EN 20 METROS EN PROPIO CAMPO
Los defensas del Atlético siempre un paso atrás para evitar que les ganasen la espalda
EL ATLÉTICO LE DABA LA PELOTA AL MADRID. SALVO ACCIONES PUNTUALES ESTABA PROHIBIDO PRESIONAR EN CAMPO CONTRARIO PARA EVITAR QUE EL MADRID TUVIESE ESPACIO PARA CORRER.

REAL MADRID: EL PLANTEAMIENTO OFENSIVO
MODRIC + ÖZIL COMO SUSTITUTIVOS DE XABI ALONSO
CR7 + Benzema alejados de balón para finalizar la jugada.
XABI ALONSO Siempre con marca
Los centrales tenían espacio y tiempo para jugar.
Khedira – Özil - Modric
El triángulo responsable de la elaboración de juego
LATERALES ABIERTOS Y EL OBJETIVO DE GANAR EL ESPACIO ENTRE LÍNEAS. LA POSESIÓN DEL MADRID NO TUVO TRADUCCIÓN EN ACCIONES DE GOL.

La jaula a Cristiano Ronaldo

REAL MADRID - ATLÉTICO DE MADRID

Final Copa del Rey

17-5-2013

LA JAULA A CRISTIANO

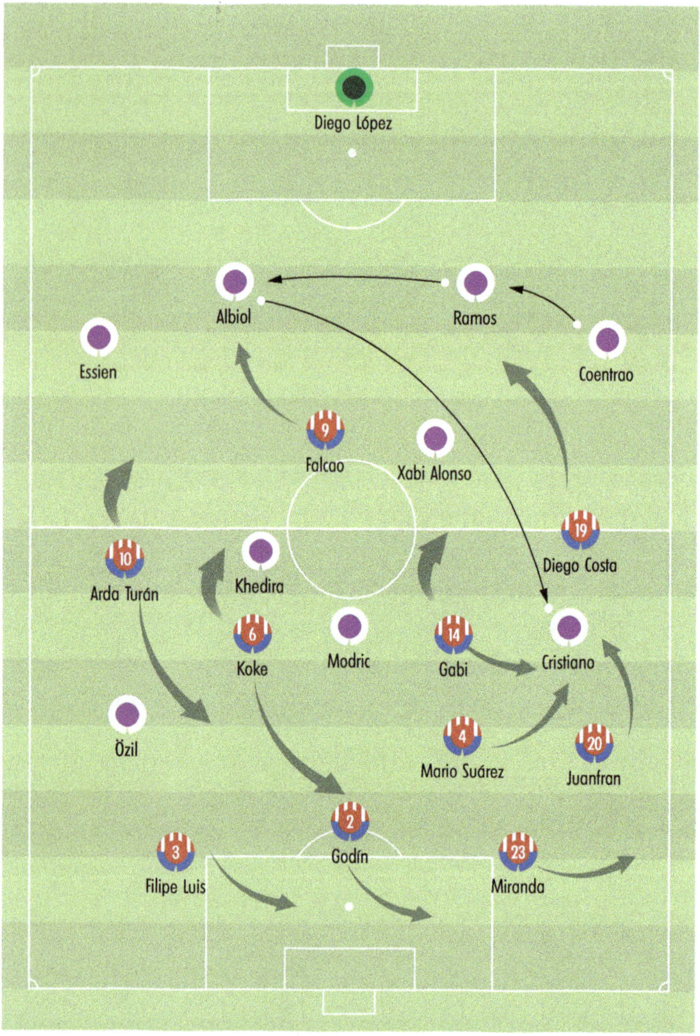

Diego López
Albiol
Ramos
Essien
Coentrao
9 Falcao
Xabi Alonso
19 Diego Costa
10 Arda Turán
Khedira
6 Koke
Modric
14 Gabi
Cristiano
Özil
4 Mario Suárez
20 Juanfran
2 Godín
3 Filipe Luis
23 Miranda

En temporada y media habían caído tres títulos. El Atlético seguía caminando. Esperaba la Champions y el asalto a la Liga. La ambición no se detenía, pero la afición tenía que despedir como un héroe a Radamel Falcao. Se iba al Mónaco después de soportar un año de especulaciones sobre su fichaje por el máximo rival. Le bastaron un par de semanas al colombiano para añorar su pasado rojiblanco. La pasión colchonera no se daba en el Principado de Mónaco, donde no iban más de 3.000 personas a los partidos. Un problema para su mentalidad. Falcao es un ganador. Quiere mejorar, lucha por ello. Entrena como si cada minuto fuese importante. Aprendió a girarse, a jugar de espaldas y a soportar el ritmo europeo. Habían coincidido en el River Plate y Simeone estaba entregado, ya que el "Tigre" se mataba por pulir su fútbol. No quería ser el mejor, sino ser mejor cada semana. El Atlético jugaba para él. Balones a Falcao en todas las fases del juego, porque es de esos que se comprometen con el equipo. El desafío era encontrar una nueva referencia. Se iba un grande.

"Disfruto ganando un título, pero lo que se hizo ya quedó atrás. El fútbol siempre es mañana"

La frase es del Cholo. En un fútbol donde abundan las mentiras, la certeza era que el Atlético no había tocado techo. No, de ninguna manera. Se podría vender un discurso conformista, hacer una oda permanente al pasado, pero la realidad era que el Atleti no había ganado nada. Había estado bien, faltaba más, pero ganar la Europa League y la Supercopa de Europa eran hitos conseguidos por el Atlético de Quique Sánchez Flores. Había que sumar la Copa del Rey, porque el desafío era ganarse el respeto de los grandes compitiendo de tú a tú contra ellos.

Cuando se gana nunca es suficiente. Los grandes son aquellos que siempre quieren más. Se hace visible en la sabiduría que muestran en los entrenamientos, poniendo su cuerpo y su mente a punto para salir a competir. Simeone, como en su día Quique Sánchez Flores, sentía que sus jugadores eran sometidos al elogio constante, ya que la afición vibraba con los suyos. Dormirse, dejar crecer el ego y sentirse

tan buenos como para intentar ganar sin correr eran amenazas que estaban ahí, muy presentes. A veces, cuando llega el triunfo, el vestuario pierde los valores que le llevaron a lo más alto, siendo los técnicos un estorbo. Le pasó a Arrigo Sacchi en el Milán y a Guardiola en el Barça. Pasaron de ser enfermos del fútbol a auténticos pesados muy incómodos que molestaban más que ayudaban. Su éxito, sus equipos siguen siendo imitados a día de hoy; pero pasó a ser el de los jugadores y de ahí a la decepción -ambos son mentes privilegiadas- hay un paso para entender que su tiempo no tiene sentido ya, que lo único importante en la vida es sentirse querido.

Simeone tenía por delante un desafío mayúsculo, pero ese vestuario tenía sentido de pertenencia. Había "piel", conexión con el vestuario y compromiso. Las decisiones del Cholo se respetaban y el objetivo de pelear por un doblete único -Liga y Champions- era compartido por todos en silencio, aunque ninguno iba más allá del partido a partido.

Simeone necesitaba renovar la competencia interna. Era vital que en cada entrenamiento estuviese en juego un puesto en el once. Cuando sube el nivel de los jugadores del banquillo, los titulares están atentos, por lo que es más sencillo vencer al enemigo cuando toda tu tropa está con el cuchillo entre los dientes. Era básico acertar con los fichajes y meter cantera para darle un subidón a la ilusión por vestir la camiseta. Se fueron Falcao, Cata Díaz, Domingo Cisma y Sergio Asenjo, éste último cedido al Villarreal. Roberto Jiménez -propiedad de un fondo de inversión- llegó y se fue al Olympiakos, de la misma manera que Martín DeMichelis firmó y, antes de sudar la camiseta, pagó su cláusula para irse al Manchester City del ingeniero Pellegrini.

Acertar en los fichajes marcaría el devenir de la temporada. El sustituto de Radamel Falcao estaba en casa. Diego Costa sería el principio y el final del juego colchonero. Como escudero, llegaría David Villa. "El Guaje", un "killer" de primerísimo nivel, llegaría corto de preparación, porque la especificidad de la metodología del Barça poco tenía que ver con la forma de entrenar del profe Ortega y las directrices del Cholo distan mucho de las que marca el maestro Paco Seirulo en Can Barça.

En la portería se fichó a Dani Aranzubia en un movimiento rápido e inesperado. El elegido, tras comprar y ceder a Roberto Jiménez, era Miguel Ángel Moyá, pero el Getafe no encontró un sustituto para su portero y la dirección deportiva del Atlético decidió cerrar el fichaje del portero vasco del recién descendido Deportivo de La Coruña.

Toby Alderweireld, José Giménez, Josuha Guilavogui y Leo Baptistao serían los otros fichajes. Alderweireld, central llegado del Ajax, llegaba con la necesidad de aprender el sistema zonal del Cholo, pues en la Eredivisie los defensas y los medios persiguen al hombre. Condiciones para ser el tercer central tenía y con el paso de la temporada fue a más siendo su trayectoria, inversamente proporcional a la de sus compañeros Guilavogui -un jugador con todas las condiciones para ser un gran mediocentro- y Baptistao, que salieron en el mercado de enero para buscar minutos de juego. En ese mercado llegaron José Sosa, el "Principito", y Diego Ribas. Ambos ya habían estado a las órdenes del Cholo, por lo que, superado el primer mes, se pusieron a sumar para el equipo.

"Venimos de mucho esfuerzo, y cuando la gente empieza a gritar, el ambiente retumba. Eso te potencia, te da energía. Hoy apareció la gente del Atlético. A veces la gente se pregunta, ¿por qué somos del Atlético? Somos pasión, trabajo, somos humildad, y si hay que sufrir, sufrimos"

Son palabras de Simeone tras ganar al Villarreal, con gol de Raúl García a la salida de un córner, tras hacer falta a Mario Gaspart, lateral del Villarreal. El estadio estaba lleno. Se había jugado un sábado, a las 16.00 horas, y los más pequeños estaban en el palco. Ellos son el fútbol. Faltaban seis jornadas para el final y el Atlético era líder, con un punto de ventaja sobre el Barça de Martino y tres por encima del Madrid de Ancelotti, más el "goal-average". Era el mes de abril y los del Manzanares habían ganado a los blancos en el Bernabéu y empatado en el Calderón contra el Barça y el Real Madrid.

ATLÉTICO DE MADRID: PRESIÓN TRAS PÉRDIDA
LA EXCELENCIA DEL ATLÉTICO EN LA TRANSICIÓN ATAQUE – DEFENSA Y DEFENSA – ATAQUE.

CLAVES:
1. MOVIMIENTOS HACIA DELANTE EN BUSCA DEL POSEEDOR DEL BALÓN PARA EVITAR QUE EL ADVERSARIO SALGA AL CONTRAATAQUE.
2. PRESIÓN 1X1 MÁS AYUDA CON EL RECURSO DE LA FALTA TÁCTICA. LA IDEA ES NO DEJAR RESPIRAR AL CONTRARIO.
3. RECUPERACIÓN Y VERTICALIDAD HACIA PORTERÍA CONTRARIA EN BUSCA DEL GOL.

ATLÉTICO DE MADRID: PRESIÓN TRAS PÉRDIDA
LA EXCELENCIA DEL ATLÉTICO EN LA TRANSICIÓN ATAQUE – DEFENSA Y DEFENSA – ATAQUE.

CLAVES:
1. MOVIMIENTOS HACIA DELANTE EN BUSCA DEL POSEEDOR DEL BALÓN PARA EVITAR QUE EL ADVERSARIO SALGA AL CONTRAATAQUE.
2. PRESIÓN 1X1 MÁS AYUDA CON EL RECURSO DE LA FALTA TÁCTICA. LA IDEA ES NO DEJAR RESPIRAR AL CONTRARIO.
3. RECUPERACIÓN Y VERTICALIDAD HACIA PORTERÍA CONTRARIA EN BUSCA DEL GOL.

ATLÉTICO DE MADRID: FASE DEFENSIVA
ESTRUCTURA SIN BALÓN CONTRA EL REAL MADRID

CLAVES:
1. PRIMERA LÍNEA DE PRESIÓN MARCA EL NIVEL DE COMPETITIVIDAD DEL EQUIPO
2. MARCAJE A XABI ALONSO
3. MARIO SUAREZ COMO HOMBRE COBERTURA DE LA PRIMERA LINEA

ATLÉTICO DE MADRID: FASE OFENSIVA
LA LLEGADA DE FILIPE LUIS DESDE LA 3º LÍNEA. PROFUNDIDAD POR BANDAS

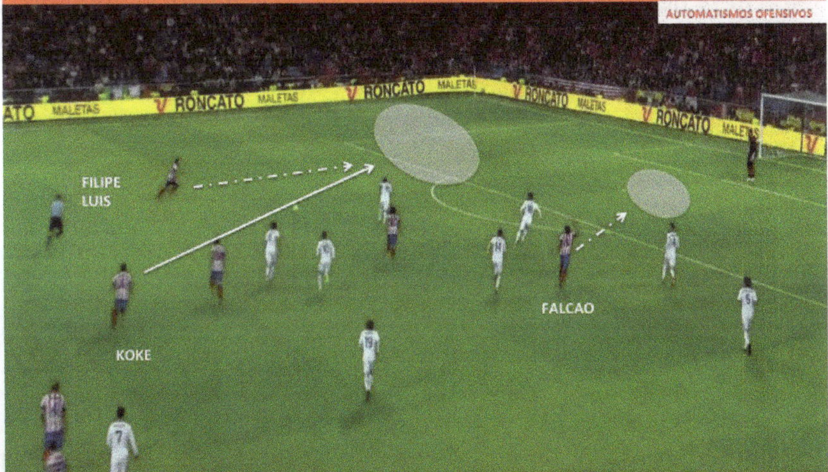

CLAVES:
1. CAMBIO DE ORIENTACIÓN
2. LLEGADA AL ESPACIO DEL LATERAL BUSCANDO 1X1 vs LATERAL ADVERSARIO .
3. SACAR AL CENTRAL DE SITIO Y LLEGADA AL PUNTO DE PENALTI DEL PUNTA DEJANDO SIN OPCIONES DE ANTICIPACIÓN AL CENTRAL ZURDO.

En la Copa del Rey, los colchoneros habían caído contra el Real Madrid en semifinales. En la ida, jugada en el Bernabéu, los blancos salieron al dos mil por ciento, ofreciendo una de sus mejores versiones de la temporada, dejando al Atlético contra las cuerdas. Un par de autogoles más una genialidad de Jesé -definiendo con la puntera, al más puro estilo Romario- fulminaron a los rojiblancos. En la vuelta, la remontada era un imposible, así que el partido se decantó siguiendo el mismo patrón que se daba antes de la llegada del Cholo al banquillo. A los quince minutos, Cristiano marcó de penalti por partida doble. Ya no había partido. Sólo quedaba dejar correr el cronómetro y evitar lesiones, porque a la vuelta de la esquina esperaba el Milán en los octavos de final de la Champions.

Perder esas semifinales sirvió para entender que el Atlético del Cholo Simeone era un equipo de convicciones. Las condiciones no se habían dado. Sin más. No hubo dudas, ni divisiones, la autocrítica surgió y el equipo focalizó el siguiente objetivo, que no era otro que el siguiente partido. La Liga y la Champions esperaban. La derrota fue asumida como parte del juego y fue utilizada para reforzar la necesidad, obligación diría yo, de competir siendo todos uno. Más que separar, unió, evitando así el punto de inflexión que algunos esperaban de un Atlético que volaba, pero que en febrero, doble derrota contra el Madrid en Copa y en Liga contra Almería y Osasuna, había vivido su mes más negro y un momento verdaderamente crítico.

Marzo empezó con un examen por la Liga. En el derbi -en el Bernabéu había ganado el Atlético por 0-1-, se jugaba en el Calderón. En juego tres puntos y el "average". Casi nada. Más, si Benzema marca en el minuto tres. Pero otra vez la misma historia: fallo defensivo en la marca y una acción donde el Madrid se ponía por delante sin necesidad de más recursos que su pegada. Era una prueba de nivel para un equipo que no encontraba el patrón ni el hilo argumental. Las alarmas saltaron, pero aquella tarde los miedos fueron derrotados por el deseo y la capacidad de enfrentamiento. El Atlético se fue arriba, dejando al Madrid desconectado entre los que defendían y los que atacaban. Ancelotti no encontró respuestas y Diego Costa pasó a ser la punta de lanza de todas las oleadas rojiblancas.

Koke y Gabi, reflejo del sentimiento rojiblanco, marcaron para dar la vuelta al marcador y dejar al Atlético con la capacidad para irse atrás, ceder la posesión al Madrid y ganar espacio para los contraataques. Cada balón recuperado era una carrera de Diego Costa contra todos, donde Pepe y Sergio Ramos -temporada de alto nivel de la pareja de centrales blancos- se las veían tiesas para frenar al "Búfalo". Ancelotti cambió a los laterales. Marcelo y Carvajal salieron por Coentrao y Arbeloa. Ofensivos por defensivos. El Madrid dio un paso al frente y el Atlético perdió fuera en la primera línea de presión, así como diez metros en el campo. En esos metros está todo. Un detalle vital. Diego Costa ya estaba a muchos metros de la portería de Diego López y la defensa colchonera estaba tan hundida que con un pase se podía superar a jugadores de dos líneas con el consiguiente peligro que esto genera. El oponente ganaba la segunda jugada. El último tramo del partido fue un ejercicio de resistencia mayúsculo, donde, extrañamente, Simeone no agotó los cambios, ya que sólo dio entrada al "Cebolla" Rodríguez. Pudo ganar el Madrid, pero pudo hacerlo antes el Atlético. Tablas y "average" a favor de los colchoneros, dejando al Madrid de Ancelotti con la cruz de no poder ganar a sus adversarios directos en la lucha por el título de Liga.

Desde ese día -qué importante es no perder en ocasiones- todo fue cuesta abajo. El Atlético ganó nueve partidos de manera consecutiva y lo hizo encajando sólo un gol. Fue en el nuevo San Mamés. El Atlético -que había sido el primer equipo en ganar en la nueva Catedral- repetía en Liga su hazaña copera. Diego Costa superó a Laporte -central con un talento descomunal- y aprovechó el agujero que dejaban los locales con una defensa a dos alturas donde unos achicaban y otros replegaban, generando una falla por donde el Atlético encontró el camino para remontar un partido que se había puesto muy feo con el gol inicial de Iker Muniain. Otra remontada más. Y otro partido donde Koke volvía a manejar el partido con maestría.

ARTÍCULO PUBLICADO EN MARCA 30-3-2014

Este Atlético, un equipazo

Compiten. En las buenas y en las malas. Y lo hacen sin miedo ni ansiedad. Los de Simeone ya habían ganado sin temblor aparente los dos últimos partidos en casa con la fórmula del "gol-partita". En San Mamés era un trance de esos que determinan una Liga. En la primera jugada ya iban perdiendo, pero no hubo ataque de nervios ni pérdida de papeles, habitual en los equipos sujetos con alfileres. Están preparados para ganar.

Fútbol sobre el eje vertical. Buscando la profundidad y los espacios a la espalda de los centrales adversarios. La intención pasaba por los balones al espacio y el aprovechamiento de las defensas adelantadas. Idéntico plan para ambos equipos. Coincidencia previsible porque tanto Simeone como Valverde quieren agresividad, presión y ataques rápidos antes de que los adversarios recuperen la posición como primera consigna.

Godín no tuvo su mejor día. No era fácil. Aduriz, en la primera jugada, sacó de sitio al uruguayo y generó el espacio para que Muniain, con un toque, superara a Courtois. Miranda no siguió el corte y Filipe no cerró la línea de pase. Un fallo defensivo que tardó en corregirse, porque el Athletic Club intentó entrar por el mismo pasillo en cada contraataque.

Los laterales del Athletic tampoco cerraban y Diego Costa, hundiendo al central hacia adentro para abrirse después, aprovechó ese pasillo. El suyo. El punta colchonero juega en los mismos espacios que lo hacía Thierry Henry. Es un 9 pero le encanta tirarse a la izquierda y jugar un 1x1 con el central. Es su hábitat, pero no deja de ser "top" en nuestra Liga porque su condición para ganar partidos mantiene al Atlético en lo más alto.

Filipe Luis es mucho más que un lateral. Importante en el engranaje ofensivo. Siempre llega, hace la superioridad y gana la profundidad en el momento adecuado. Mide los tiempos y ejerce de desatascador cuando las ideas empiezan a escasear. Koke o Arda se van hacia adentro, Filipe se mantiene expectante y cuando los jugones -el Atlético también tiene de esa especie- han abierto el agujero ahí se tira Filipe para la jugada de gol.

Diego Costa, pero también Courtois, siempre hace una parada ganadora. Es joven, pero está sobradamente preparado. A veces mide mal y en otras ocasiones no se atreve en las salidas, aunque ocupa portería, es ágil y tiene reflejos para sacar las que parece que van dentro. Es el otro "big" rojiblanco. El Atlético de los once soldados capaces de dar la cara podría ser un equipo basado en la fórmula portero y delantero que tantos títulos ha dado a clubes diversos. Como último plan, el toque por dentro y los laterales ofensivos, ese registro que también posee. El Atlético tiene para dar y tomar.

Quedaban tres partidos de Liga. Dos como visitante, Levante y Barça, y uno como local, contra el Málaga, pero el camino victorioso se torció. Un punto de seis posibles y un guión que se repetia. Simeone, tras perder contra el Levante, dijo en rueda de prensa que era lo mejor que le podía pasar al equipo. Un farol en toda regla, ya que en el fútbol no hay nada que enmascare mejor que una victoria, aunque sea agónica y alejada de las pautas marcadas. Primero ganamos, después ya veremos. Simeone -canchero y ganador como pocos- sabía que era primordial mantener la calma. Días atrás, en el otro camino, los suyos habían dado un recital en Stanford Bridge contra el Chelsea y habían llegado tiesos a jugar contra el Levante de Caparrós. Un conjunto serio, que no regala nada y que nunca pierde el sitio había ganado con holgura. La Liga se volvía a abrir. El sábado había perdido el Barça, el domingo el Atlético y cerraba la jornada el Madrid contra el Valencia, a las 21 horas. Antes, a las 19.05, Simeone decía que esa derrota era beneficiosa. De locos. Una manera de ganar en la dificultad, los campeones son aquellos que convierten en victoria lo que es una derrota a ojos de todos.

El Barça estaba cuatro puntos por debajo y el Madrid, con un partido menos, seis, con el "average" perdido. Los blancos, que habían ganado la Copa del Rey contra el Barça en Mestalla, con una galopada de Gareth Bale, empataron en casa contra el Valencia y a domicilio -en el partido pendiente- contra el Valladolid. El Barça, con un empate, consiguió restarle uno a los colchoneros, ya que el Atlético no hizo los deberes y perdió contra el Levante.

ARTÍCULO PUBLICADO EN MARCA EL 11 DE MAYO DE 2014

En juego, el destino

Hoy, sólo el Atleti puede ser campeón. Mañana la historia podría pintar distinto, pero en el Calderón juegan por la gloria sin que la presión sea excesiva, ya que una mala tarde no le descarta del título, porque con ganar en el Camp Nou todo quedaría resuelto. Simeone sabe que la ansiedad es el gran enemigo y que derivarlo todo al esfuerzo es la mejor distracción para que los rojiblancos sientan que contra el Málaga el deseo de ganar tiene que superar al miedo a perder un título que, salvo que el Barça no se presente contra el Elche, tiene fecha y hora para la final.

Respecto a Messi, Zubi piensa que el argentino estará a "full" el próximo año, sabe que son dos partidos para ganar la Liga y descargar presión con vistas al Mundial, ya que si en Brasil se muestra "súper" con la albiceleste, llegarán los nubarrones al Camp Nou, siendo el partido opuesto al jugado con anterioridad cuando media Argentina acusaba de deslealtad a un jugador que volaba de azulgrana y se evaporaba cuando cruzaba el charco. El D10S se enchufará, pero sorprende la semana de descarga azulgrana, donde las conjuras se han dado lejos del campo de entrenamiento.

El Madrid ha puesto toda la maquinaria con destino a Lisboa. El consumo de emociones contra el Bayern derivó en una bajada de plomos para la condición física de los jugadores. Hay bajas, minutos para que Khedira y Arbeloa cojan ritmo de juego, y todo -por más que Cristiano sea un animal competitivo como ningún otro- se ha vuelto una contrarreloj para llegar a Lisboa en las mejores condiciones. El objetivo de la Décima lo devora todo.

El Barça juega por la Liga, el Madrid por la Champions y el Atlético por el doblete. Diego Costa, el intimidador rojiblanco, está en la lista, pero la final no es contra el Málaga. Es momento de cambiar el paso. Simeone, pura pasión, debe apostar por la frialdad

y acertar en la toma de decisiones después de un ciclo de sangre caliente. Tres partidos y dos finales. Cuando el camino se acaba, lo único importante es saber ganar. La suerte no existe para los ganadores. Apasionante.

El Madrid, en una semana fatídica, cayó en Vigo contra el Celta con un equipo plagado de segundos espadas, pues la Liga había dejado de tener sentido con el empate en Pucela. El Barça no pudo ganarle a un Elche que con el punto conseguido aseguraba quedarse una temporada más en la máxima categoría, y el Atlético empató contra el Málaga -Diego Costa fue baja por molestias musculares- en un partido que tuvo un momento crítico cuando, superada la hora de juego, el Málaga de Schuster se puso por delante, con gol de Samuel. Había que levantarse. El Calderón estaba lleno hasta la bandera y las caras de sufrimiento se repetían por todo el estadio. Una vez más, había que vencer el miedo. La tensión se palpaba, el estadio entero se preguntaba qué hacía el Barça contra el Elche. Como escuchaban, y no veían, no eran capaces de percibir que los azulgranas estaban firmando un ejercicio de impotencia de cara al gol.

El minuto del balón parado

Levantarse era obligado. Simeone agitó las manos, volviéndose a dar el efecto mariposa. El equipo mostró carácter y se vino arriba, dándose cuenta de que la Liga estaba tan sólo a dos goles, pero uno era obligado para que el empate sirviese en Barcelona para ganar el campeonato de Liga. Sin Diego Costa, cualquier camino era bueno para el gol. La insistencia del cuerpo técnico -el "Mono" Burgos es el encargado de diseñar jugadas ganadoras- en el juego a balón parado se veía correspondida con la fe de los jugadores, puesto que en más de una ocasión les había dado el salvoconducto para cruzar la frontera que dividía la derrota de la victoria.

Corría el minuto 73. El Atlético necesitaba un gol para salvar los muebles y dos para irse a "Neptuno" para la celebración. Falta en la frontal. Sosa y Gabi, como posibles lanzadores; Filipe Luis, en la frontal, y Villa, en la barrera. Cuatro jugadores como opciones de remate en el

área. En un abrir y cerrar de ojos, un movimiento de Villa cruzando la barrera por su espalda, el toque fino de Gabi y el "Guaje", solo contra Willy Caballero, para que éste logre sacar una mano y envíe a córner.

Lo habían vuelto a hacer. Lo de Argentina en el Mundial-98 o lo de Gabi y Arda para ganar al Porto.

La libreta del "Mono" Burgos

De la falta al córner botado por José Sosa que remata Toby Alderweireld para el gol colchonero. El primer "match ball" estaba salvado y sólo quedaba una contrarreloj en busca de un gol que diese el título. Adrián tuvo la ocasión, pero Willy Caballero, guardameta del Málaga de gran nivel pero poco considerado en Argentina -hasta el punto de quedarse fuera de la selección una y otra vez-, desvió en la penúltima jugada del partido, lo que hubiese significado el alirón. Con el Madrid descartado, todo quedaba pendiente del partido final contra el Barça en el Camp Nou.

El minuto del balón parado

ATLÉTICO DE MADRID - MÁLAGA C.F.
Liga BBVA. Jornada 37. 2013/2014
11-5-2014

MIN. 73'

LA LIBRETA DEL MONO BURGOS

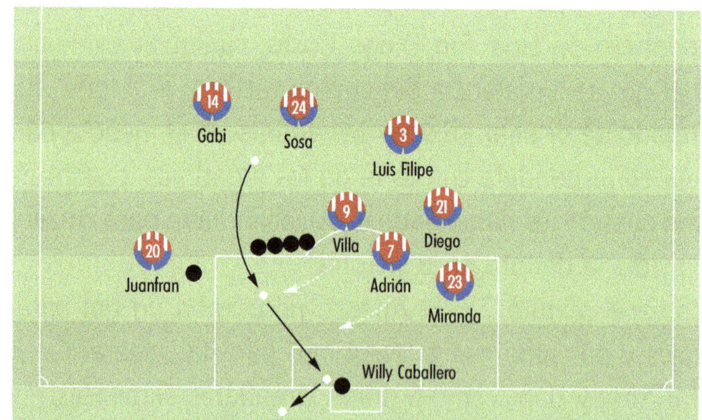

MIN. 73'

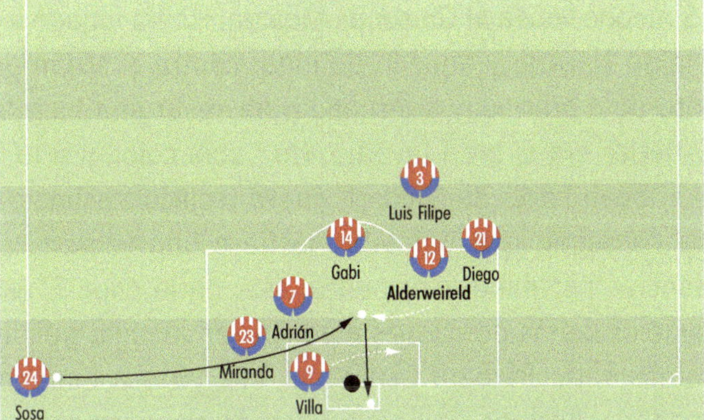

Tras la falta llegó el corner. Sosa+ Alderweireld, los protagonistas.

"Si miras lejos, no ves el paso inmediato y tropiezas. Hay que ir despacio, que no lento" El camino a Lisboa

En la Liga, siguiendo a pies juntillas el trazo dibujado por el Cholo, el Atlético llegó hasta el último día. En la Champions, en el otro sueño paralelo, ocurrió otro tanto de lo mismo. Ganar el cetro europeo era una quimera atendiendo al balance económico y al potencial de los grandes europeos para invertir en jugadores de calidad diferencial. El Atlético, imbatido durante todo el torneo, tuvo un camino triunfal hasta la final de Lisboa. El Bayern, favorito del torneo, había fallado a la cita. La revancha -el Atlético había perdido su única final de Copa de Europa contra los bávaros- no podía darse, pero el rival iba a ser el Real Madrid. Partido único y quizás irrepetible en la historia.

En la fase de grupos -Zenit, Porto y Austria de Viena fueron los rivales- los rojiblancos jugaron con una solvencia que no dejó a nadie indiferente. Cinco victorias y un empate, pocas dudas y muchas fortalezas que hacían ver que los colchoneros no iban a ser fáciles para nadie. Muntari, centrocampista restador del Milán, sorprendió diciendo antes del sorteo que deseaba que les tocase el Atlético, por aquello de ser el rival más débil. Sin embargo, en el ranking entre equipos europeos el Atlético tenía los mejores números, junto con el Bayern. El pique estaba garantizado y, como no podía ser de otra manera -este tipo de declaraciones genera un magnetismo especial-, el Milán y el Atlético se encontraron en octavos de final.

Simeone volvía al Giuseppe Meazza. Había jugado en el Inter de Ronaldo Nazario y aquello de jugar contra el Milán generaba un punto de morbo muy adecuado para vestir una batalla en la que el Atlético era el gran favorito. No había color, y si lo había, sería por el buen hacer de Seedorf, nuevo técnico rossonero, y su poder para conseguir que Balotelli mostrase una versión cercana a su potencial, percibido pero nunca visto en la élite. El Milán estaba muy lejos de las posiciones europeas en la Liga, siendo las luchas internas entre Barbara Berlusconi -ella puso a Clarence como entrenador- y Adriano Galliani un debate que superaba el interés del partido. Cuando el entorno no está pendiente del fútbol poco hay que hacer: los jugadores ya tienen la excusa perfecta y el entrenador se queda en un punto intermedio donde no hay camino para escapar de un fracaso seguro.

El Atlético, en la ida, sobrevivió. No estuvo fino el equipo del Cholo. Desarticulado por momentos, sin salida en ataque ni dominio táctico de un partido en el que Kaká estuvo mejor que en cualquiera de sus partidos jugados en el Real Madrid. Los rojiblancos jugaban con el freno de mano puesto, gestionando los tiempos, pero era el Milán el que iba a por todas. Un Atlético contra natura que encontró en los palos y las paradas, pocas pero brillantes, de Courtois la respuesta para sobrevivir. Superada la hora de juego, llegó el cambio de tercio. El "fantasma" del profe Ortega emergió con fuerza. Los de Simeone tenían una marcha más. En lo físico, los colchoneros contaban con un as en la manga que emplearon para apretar, primero, ganar metros, después, y concluir esa subida de nivel con el gol de Diego Costa, que dejaba al Milán herido de muerte.

ARTICULO PUBLICADO EN MARCA EL 11 DE MARZO DE 2014

A un paso de la sentencia

Toca cerrar la eliminatoria y esperar el sorteo de cuartos. El pase está cerca, pero la grandeza del fútbol te obliga a respetar al oponente y mantener la concentración, porque cualquier distracción resultaría fatal. Al Milán no le vale el empate, pero juega con las cartas marca-

das. Un gol, solo un gol, decanta a su favor la ventaja de campo y esto exige a Simeone un buen trabajo de preparación de partido para evitar la ansiedad, esa que te manda a la lona, y jugar en todo momento con la madurez exigible a un aspirante al título.

Salir a mandar, el plan bueno

Simeone sabe que el primer paso para clasificarse es controlar el juego. El Atlético puede hacerlo con o sin balón. La versión buena es esperar atrás y salir al contraataque. Recuperar y correr, iniciar con Diego Costa y hacer de las transiciones los momentos del juego donde los rojiblancos hacen sentir al adversario que están un punto por debajo.

La otra idea, porque este Milán sufre mucho cuando tiene que correr detrás del balón, es tener la posesión, dominar el juego con la superioridad numérica que generan por dentro los dos interiores y jugar sobre pase de seguridad para evitar que el Milán tenga opciones para jugar en largo con Balotelli. Ésta, balones en profundidad a Mario, es una de las obsesiones de Seedorf. El técnico quiere que su 9 castigue la espalda de los centrales adversarios sabedor de que ahí está el espacio ganador.

Las cartas marcadas

Bonera, Ramí, Poli y De Jong -ausentes en la última semana- están preparados para volver. Balotelli, con dolores que no le impedirán estar en la formación, dice estar preparado, es su momento, una oportunidad para hacerse ver en la Champions. El sistema, 1-4-2-3-1, con Mario como punta de lanza y Kaká liberado del trabajo defensivo por detrás. En una banda Taarabt, el nivel competitivo del Milán sería otro con el lesionado El Shaarawy, y en la otra, dejando espacio para las subidas del lateral, Poli. El planteamiento de Seedorf será similar al de la ida, con la salvedad de la entrada de Muntari, recorrido y agresividad para recuperar, en el once.

Robinho, ¿la última bala?

Es la única duda. Hacer jugar al brasileño desde el inicio o guardar un jugador para cambiar el paso del partido. El Atlético jugará para no encajar, mientras que al Milán poco le supone un gol de los locales. Sólo reducir en 30 minutos el objetivo de hacer dos goles, y no habría prórroga. Esto puede invitar a Seedorf a dividir a su equi-

po desde el saque inicial entre los que atacan y los que defienden. Convertir el partido en un correcalles, en una ida y vuelta donde la esperanza se halla en que la moneda caiga del lado rossonero. De ahí que lo más importante para el Atlético, la llave del pase, sea mantener el control del juego.

Bloque ofensivo y bloque defensivo

Seis, más el portero, defienden. Abbiatti con De Sciglio, Ramí, Bonera y Enmanuelson, en defensa, y un doble pivote con De Jong y Muntari. Esos esperan, no pierden la posición y convierten el partido en un ejercicio de defensa al más puro estilo Sacchi.

Arriba, una línea de tres con Robinho, Kaká, Taarabt, y Balotelli en la punta del ataque. Se hacen los rezagados, abren una distancia de más de diez metros entre ellos y el doble pivote, y buscan el contraataque en cada jugada que el Atlético no finalice. Muntari hará de nexo entre los dos bloques. Su misión: dársela a Kaká. Si no hay fútbol no queda otra que dibujar un partido donde los héroes sean Abbiatti y Balotelli. Estos son los caminos del Milán.

Los mandamientos colchoneros

Simeone sabe que finalizar las jugadas y no perder el balón en la fase de elaboración, jugar muy juntos y ser efectivos en la presión, ya sea en campo propio o ajeno, mantener la calma y controlar la ansiedad si vienen mal dadas y jugar con la agresividad justa son las claves para cerrar el pase. La estadística juega a su favor, pero los partidos hay que jugarlos. Podría ser la última final para el Milán de la temporada, pero también una demostración de que este Atlético sabe competir manejando los tiempos.

En la vuelta el Atlético jugó serio y sin salirse de la pauta. Cero errores, ningún regalo, y la pizarra para jugar con ventaja. El Cholo había visto la dificultad de los centrales rossoneros y había ideado un 2x2 de Raúl García y Diego Costa contra Bonera y Ramí que sirvió para abrir la lata -gol de Diego Costa- antes de romper a sudar. Kaká empató, pero Turan, Raúl García y el citado Costa, que abrió y cerró la cuenta, pusieron a cada equipo en su lugar. Diego Costa -"el Búfalo"- la había roto. El 19 estaba en boca de todos. El Atlético entraba en el sorteo de cuartos, con siete goles en el torneo de su "killer".

ARTICULO PUBLICADO EN FUTBOLITIS EL 11 DE MARZO DE 2014

Todos para uno, Costa para todos

El Atlético es más, muchísimo más que el Milán. Sin embargo, la eliminatoria no fue la constatación del abismo que separa a unos y a otros en términos de rendimiento. Rabia, fuerza, reacción, agresividad y hambre de victoria. No hizo falta llegar a competir en técnica y táctica, tampoco en condición física, ya que el Atlético le dio un repaso tremendo al Milán en actitud. El equipo rossonero, que hoy jugó su última final de la temporada, tiene un problema de futuro serio, ya que tienen más jugadores con contrato que dorsales y, sin embargo, hay muy pocos con el nivel para vestir esa camiseta gloriosa.

La posesión

Cuando el Atlético apostó por mover al adversario de un lado a otro con posesiones largas a partir de la superioridad numérica por dentro, dejaba al Milán retratado. Los de Seedorf no tienen recuperación de balón ni bloque defensivo, Essien no intimida y los cuatro de arriba defienden con la mirada.

En San Siro, cuando llegó el bajón físico del Milán, el Atlético decantó el partido en cuanto se hizo con la pelota. En el Calderón no hizo falta que llegase el agotamiento, los jugadores entre líneas rojiblancos tuvieron desde el minuto cero el espacio y el tiempo para girar y encarar a la defensa italiana. La posesión hizo la diferencia y el Milán, para suerte del Atlético, no la tuvo mucho tiempo.

La presión

La agresividad y determinación colchoneras marca la diferencia. Cuando salen con todo, es complejo para el adversario superar las líneas defensivas. Cuando los del Cholo aprietan, el jugador más importante siempre termina siendo Gabi. Un futbolista que domina el arte de jugar para el equipo. El capitán subió una línea para presionar y recuperar el balón a un Essien que ya no es. Quita, entrega y vuelve a pensar en la situación defensiva mientras los otros atacan. El primero, como en Vigo, llegó tras una recuperación suya. Magistral.

El balón parado

El Milán jugó para tenerla. La tuvo cuando quiso el Atlético. Por eso fue de más a menos. La otra idea era no perderla en campo propio y nada más arrancar fue Essien, si es un joven lo fulminan, quien perdió ante Gabi. Otro objetivo no conseguido. Por último, frenar el balón parado del Atleti era la última consigna. Pero tampoco. Raúl García hizo el tercero de ese modo. Y con todas estas batallas ganadas, el Atlético debe mejorar. Los bajones en el juego o una elección de marcas equivocada (Juanfran defendió a Kaká en el balón parado) te dejan fuera, ya que a partir de ahora las eliminatorias serán a un gol.

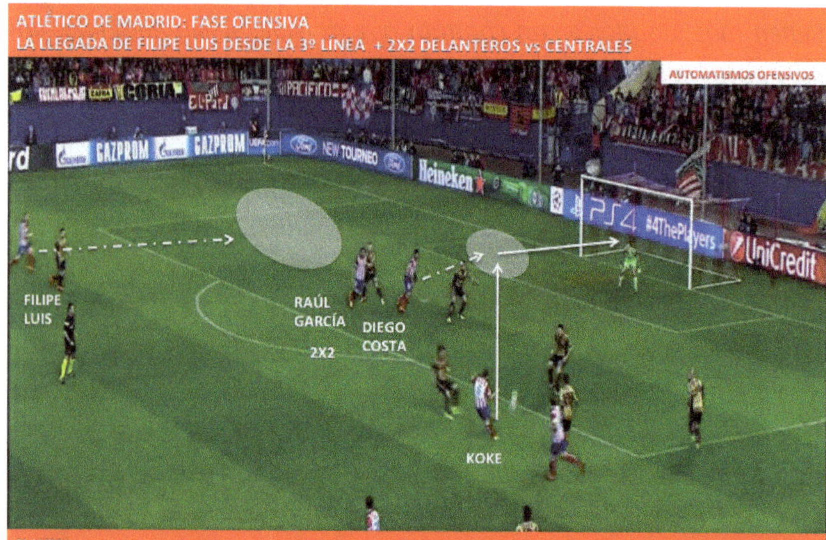

ATLÉTICO DE MADRID: ACCIONES A BALÓN PARADO DEFENSIVAS
EL JUEGO A BALÓN PARADO UNA FORTALEZA DEL EQUIPO DE SIMEONE. DEFIENDE TODO EL EQUIPO

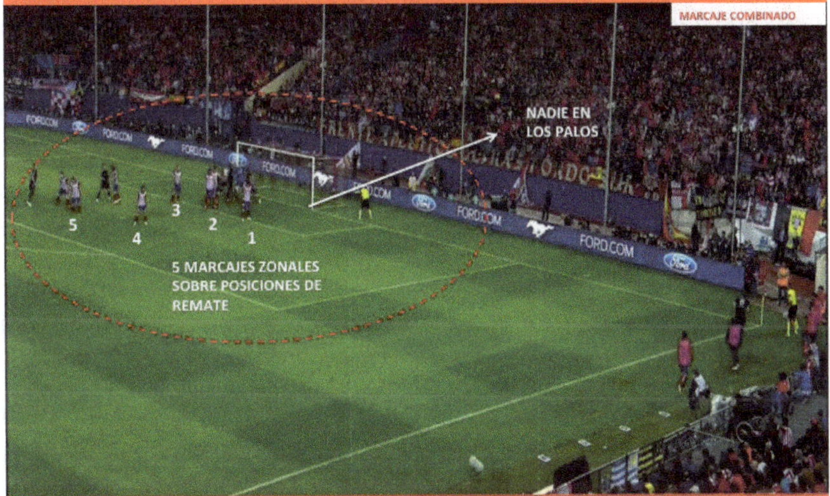

CLAVES:
1. ALTO NIVEL DE ACTIVIDAD PARA ANTICIPARSE A LAS SITUACIONES DE REMATE DEL ADVERSARIO
2. COURTOIS COMO PORTERO DOMINADOR DEL ÁREA PEQUEÑA.
3. MARCAJE AL HOMBRE DE LOS REMATADORES DE REFERENCIA

ATLÉTICO DE MADRID: ACCIONES A BALÓN PARADO DEFENSIVAS
EL JUEGO A BALÓN PARADO UNA FORTALEZA DEL EQUIPO DE SIMEONE. DEFIENDE TODO EL EQUIPO.

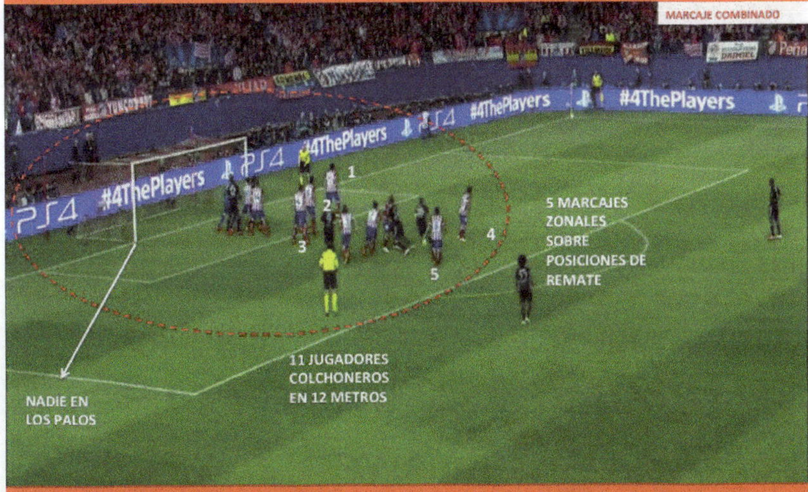

CLAVES:
1. ALTO NIVEL DE ACTIVIDAD PARA ANTICIPARSE A LAS SITUACIONES DE REMATE DEL ADVERSARIO
2. COURTOIS COMO PORTERO DOMINADOR DEL ÁREA PEQUEÑA.
3. MARCAJE AL HOMBRE DE LOS REMATADORES DE REFERENCIA

El Atlético pisaba firme y descontaba fechas sin que se diese ese día de no retorno donde las ilusiones y los sueños acaban en lágrimas. En cuartos de final tocó el Barça. Una eliminatoria donde, en el vaso medio lleno, el Atlético no había perdido en ninguno de los tres partidos precedentes contra los azulgranas, pero en el vaso medio vacío, el Atlético tampoco había ganado al Barça, en una eliminatoria que se sabía que no sería más que un punto y seguido, ya que ambos equipos estaban citados para el sábado 17 de mayo en el último partido de Liga.

Sin Valdés no había paraíso para el Barça. El portero azulgrana había sostenido a su equipo en los momentos de desconexión con paradas ganadoras que permitían al Barça llegar al último tramo sin energía, pero con opciones aún de todo. Esa baja marcaba la eliminatoria, y era un punto a favor del Atlético que no se veía reflejado, ya que las apuestas iban con el Barça. Que Pinto fuese el portero, y no Valdés, no modificaba los indicadores. Muy sorprendente.

ATLÉTICO DE MADRID: PLANTEAMIENTO SIMEONE
BLOQUE BAJO. REPLIEGUE INTENSIVO. DEFENSA EN ZONA 1
"EL MURO COLCHONERO"

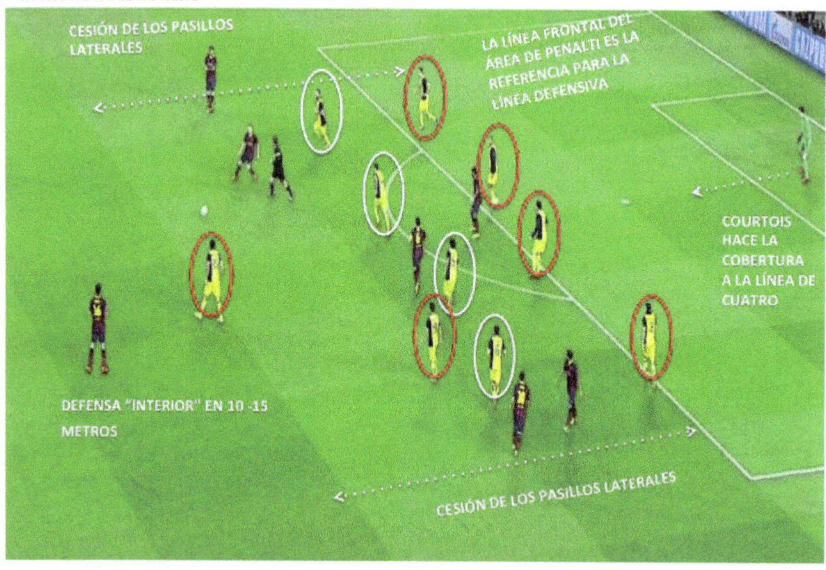

ATLÉTICO DE MADRID: PLANTEAMIENTO SIMEONE
BLOQUE BAJO. REPLIEGUE INTENSIVO. DEFENSA EN ZONA 1
"EL MURO COLCHONERO"

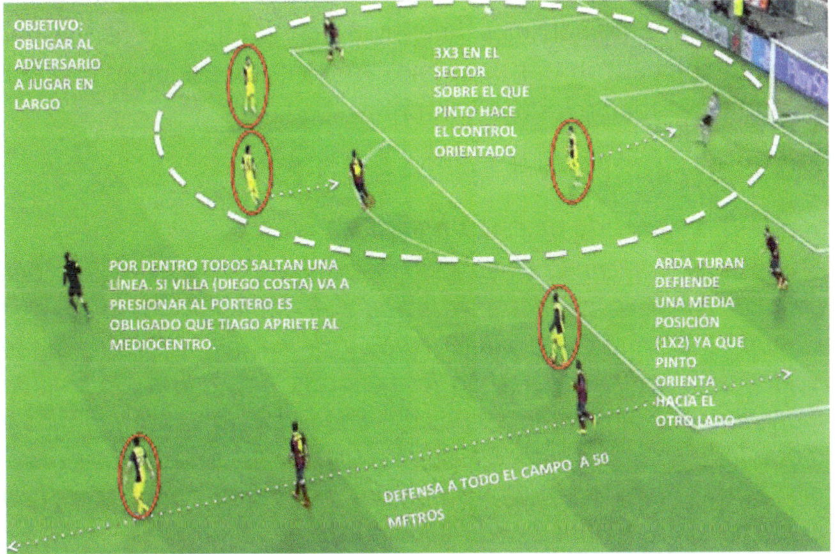

Se esperaba igualdad. Los enfrentamientos anteriores invitaban a pensar que el gol en campo contrario era oro puro, con el arranque frenético del Atlético sorprendiendo con la presión en campo contrario. La consigna de no permitir respirar al Barça estaba conseguida. Piqué se lesionó a los diez minutos y dejaba a los suyos malparados y expuestos en defensa. El central azulgrana -muy criticado con las derrotas- era el auténtico bastión de una defensa que no se sostenía. El balón era de los azulgranas, pero los colchoneros dominaban el juego, aunque las malas noticias no tardaron en llegar. A la media hora de juego se rompía Diego Costa. El Atlético se quedaba sin su intimidador. Bartra -sustituto de Piqué- respiraba, aunque el Barça no era capaz de salir de la telaraña diseñada por Simeone.

Diego Ribas, a la hora de juego, tiró desde su casa para colarla por la escuadra del palo corto de Pinto. El Barça, lejos de venirse abajo, sacó toda su furia apoyándose en un Iniesta que hizo una media hora final de ensueño. Marcó Neymar y Courtois hizo sus dos paradas ganadoras de rigor. Otro partido más sin ganador ni perdedor, aunque el Atlético había hecho gol en campo contrario y a la vez se había quedado sin Diego Costa para el choque de vuelta, que se jugaría siete días después.

La presión arriba y el repliegue intensivo habían funcionado. El Atlético era un bloque indivisible para el Barça. El otro fútbol, aquel que sigue los automatismos defensivos del AC Milán de Sacchi, volvía a ser competitivo tras unos años en los que los equipos que proponían superaban a los que contrarrestaban.

ARTÍCULO PUBLICADO EN MARCA EL 9-4-2014

El último partido de esta Champions

Todos sueñan con la gloria, pero muchos van cayendo en una competición donde la exigencia no permite ni errores ni olvidos. Perder el control se traduce en malas caras y decepción; estar preparado diferencia a los vencedores y a los vencidos, más allá de la calidad individual que tengan los equipos. A uno le tocará seguir jugando y a otro lo bajarán del autobús. Nadie sabe quiénes serán unos y otros, pero tener el antídoto para las trampas propuestas por el adversario es más importante que decidir quién juega de titular.

El blindaje interior colchonero

Simeone, en los partidos contra el Barça de esta temporada, cierra todos los caminos interiores a los azulgranas, descubriendo hasta su límite máximo los exteriores. Han pasado tres partidos y Martino no reacciona. Está obligado a hacerlo en el Calderón. Messi por la derecha, Neymar por la izquierda y Cesc como falso 9, con Alves y Jordi Alba muy arriba. Es previsible, como variante, que la lucha se dé en los dos sectores exteriores. En la izquierda, con Jordi Alba, Iniesta y Neymar. En la derecha, con Alves, Messi y Cesc. Un 3x2 por fuera contra lateral y centrocampista de banda rojiblancos. Simeone tendrá que darle solución al planteamiento de un Martino que intentará dominar por dentro con muy pocos jugadores buscando cambiar la orientación del juego una y otra vez.

La presión a toda cancha

Fue la sorpresa táctica de la ida. Simeone se atrevió a ir con todo hasta Pinto. La ausencia de Valdés se nota sobremanera en la salida de balón. Los colchoneros apretaron con los delanteros y los cuatro medios, así como con una defensa que acompañaba hasta el límite del fuera de juego. Defendiendo en cincuenta metros, no sufrieron. En el Calderón, con la eliminatoria de cara, no hace falta que asuman ese desgaste desde el minuto cero -quizá sería conveniente como demostración de jerarquía, para que el público se vuelque aun más-, pero si el Barça voltea el resultado, no quedará otra que ir con todo, y ahí Martino tendrá que darles a los suyos soluciones, ya que en la ida todo acababa en balón rifado y eso, en el Barça, es perder el rumbo y la identidad que los ha convertido en ganadores.

Las semifinales más picantes
MARCA
1-0
FORMIDABLE LECCIÓN DE FE Y CONVICCIÓN DE LA AFICIÓN DEL ATLETI
GRANDIOSO
El Atleti del Cholo elimina al Barça con un baño de fútbol, coraje, ambición y estrategia sin Costa ni Arda
40 años esperando esto
Florentino a Casemiro: "Muy bien, chaval"
El expresidente Soler quiso secuestrar al expresidente Soriano
INSÓLITO

ARTÍCULO PUBLICADO EN MARCA EL 10-4-2014

Así destronó Simeone al Barça

Los colchoneros salieron a mandar. Y lo hicieron sin balón. Pese a que la posesión fue azulgrana, se jugó tal y como quiso el Atlético. No se desgastó en batallas inútiles soñando con quitarles el balón a los de Martino, sino que centró su atención en condicionar el juego para que los suyos tuviesen siempre el control del tinglado. La superioridad en el área técnica fue indiscutible. Martino no tenía respuestas -y eso que el planteamiento del Cholo ya era conocido- y, en cambio, todo lo propuesto por Simeone resultó ganador.

Raúl García, ¿en banda derecha?

En esa posición se generaron todas las jugadas de ataque del

Atlético. Una tras otra. Sin Diego Costa, los madrileños no tenían salida de juego directo. Simeone generó un nuevo camino para que cada balón en largo de Courtois terminase en Pinto. Raúl García contra Jordi Alba, batiéndose en duelo aéreo. Las ganó todas el colchonero, y eso que Courtois la ponía desde 50 metros. Y una vez ganada, prolongación a la carrera de Villa, a la espalda de Mascherano. Corría Villa y llegaban Adrián y Koke aprovechando que Alves y Xavi hace mucho que ya no defienden. Así llegaron los tres palos y el gol. Todo en un balón aéreo que Raúl le ganaba a Jordi Alba. En el segundo tiempo, tardaron en darse cuenta, Mascherano se fue con Raúl, y el Atlético ya nunca más salió.

El primer balón azulgrana

El Atlético repetía su presión a todo el espacio del Camp Nou y el Barça volvía a dejar de manifiesto que es un equipo con alfileres. Han perdido el juego posicional, no tienen automatismo de salida y, tras diez minutos de pérdidas, donde todos los balones eran en diagonal a Jordi Alba, todo se solucionó renunciando a sacar la jugada y hacer que cada balón de Pinto -le costaba pasar del medio campo en los golpeos- fuese a la cabeza de un vendido Neymar.

Reducidos a la nada

Aquí hay dudas. Fue virtud del Atlético o defecto del Barça. Quizás haya sido el césped. Los azulgranas fueron un equipo sin variantes, sin equilibrio ni capacidad para hacer jugadas. Messi y Neymar, en dos ocasiones, tuvieron el gol, pero el registro es vulgar para un equipo como el Barça. Si el Atlético les apretaba en su campo, balón en largo. Si optaban por esperar en su campo, pases repetidos y una incapacidad para un equipo de tanto talento. La táctica importa, pero este Atlético ganó por esfuerzo, determinación, fe y motivación. Un repaso en toda regla. El Barça puede ganar la Liga y la Copa, pero para ello necesita de Messi e Iniesta. Ellos son los únicos capaces de enmascarar a un equipo que, aunque gane, está a años luz de ilusionar.

Iniesta, el cambio

No era el peor ni mucho menos. Era el único que había superado su marca en alguna ocasión. Iniesta, una vez más, era el diferente y la esperanza al mismo tiempo, ya que Messi deambulaba por el campo. El argentino tiene todo el crédito y sólo convendría hablar de él una vez revisados los rendimientos individuales de sus compañeros. Simeone sacó a Diego Ribas y eso le dio una salida de balón a ras de césped que el equipo agradeció, pero Martino no encontró nada. Ni una idea. Quizá le hubiese sido más sencillo si los suyos hubieran respondido positivamente cada vez que quiso cambiar algo. Lo peor fue la sustitución de Andrés, el mejor cambio que podía hacer el Cholo.

"Mejoremos el plan A"

Así responden los técnicos del Barça cuando alguien sugiere aquello de fichar un 9 rematador. Esa contestación ya viene desde la etapa de Guardiola. La diferencia es que, de aquélla, los del plan A eran muy buenos y muy ambiciosos. Volaban. Ahora no hay más solución que esperar a Messi. Y el argentino no puede ser siempre la diferencia. Al menos, no debería ser así. En el Calderón, ni extremos, ni un "killer" rematador, ni laterales que pisen línea de fondo. Tampoco tiros desde la frontal, ni faltas provocadas, ni acciones de estrategia entrenadas para ganar el partido en una jugada. Así es muy difícil.

ATLÉTICO DE MADRID: PLANTEAMIENTO SIMEONE
BLOQUE ALTO. PRESIÓN A TODA LA CANCHA. DEFENSA EN ZONA 3-4. SISTEMA 1-4-3-3

EL BARÇA RENUNCIÓ A SACARLA DESDE ATRÁS. PERDIÓ EL ESTILO. LA SALIDA EN LARGO SOBRE NEYMAR PROVOCABA QUE EL BARÇA PERDIESE TODA SU ORGANIZACIÓN. NI UN AUTOMATISMO NI UN MOVIMIENTO "ESPECÍFICO" PARA LA PRESIÓN COLCHONERA.

ATLÉTICO DE MADRID: PLANTEAMIENTO SIMEONE

BLOQUE MEDIO - BAJO. REPLIEGUE INTENSIVO. DEFENSA EN ZONA 2
"LA SOLIDARIDAD Y EL RIGOR TÁCTICO". UN 1-4-4-2 DE MANUAL

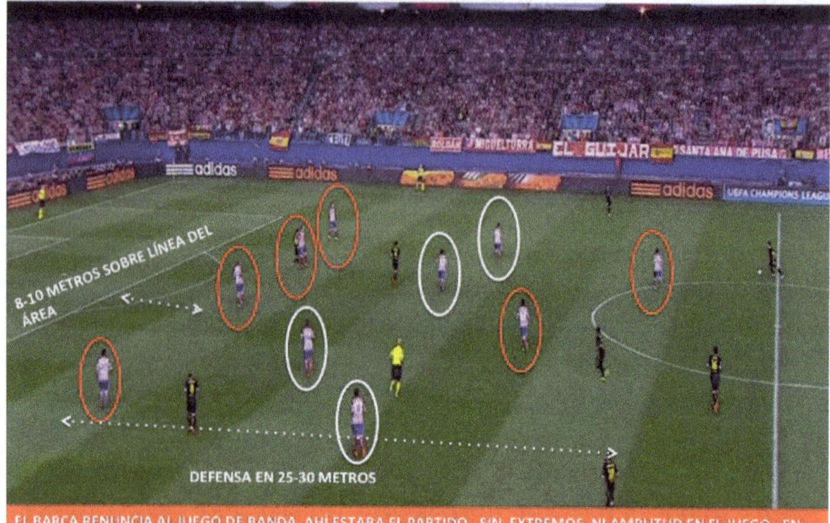

EL BARÇA RENUNCIA AL JUEGO DE BANDA. AHÍ ESTABA EL PARTIDO. SIN EXTREMOS NI AMPLITUD EN EL JUEGO. EN DERECHA SÓLO ALVES Y EN LA IZQUIERDA NI UNA LLEGADA DE JORDI ALBA.

FCBARCELONA: UN PLAN SIN SENTIDO

BALONES AL ÁREA SIN JUEGO DE BANDAS.
"A ESTRELLARSE CONTRA LA FORTALEZA"

LA REDUCCIÓN DEL BARÇA A "BALONES AL ÁREA" LE DABA COMODIDAD A LA DEFENSA COLCHONERA. LOS CENTRALES DE SIMEONE DOMINAN EL JUEGO AÉREO FRONTAL Y LATERAL

ATLÉTICO DE MADRID: PLANTEAMIENTO SIMEONE
LA SALIDA DE BALÓN DE COURTOIS. EL PLAN PARA ESCAPAR
EL "DUELO AÉREO RAÚL GARCÍA VS JORDI ALBA" FUE LA LLAVE. SIMEONE FUE MUY SUPERIOR A MARTINO

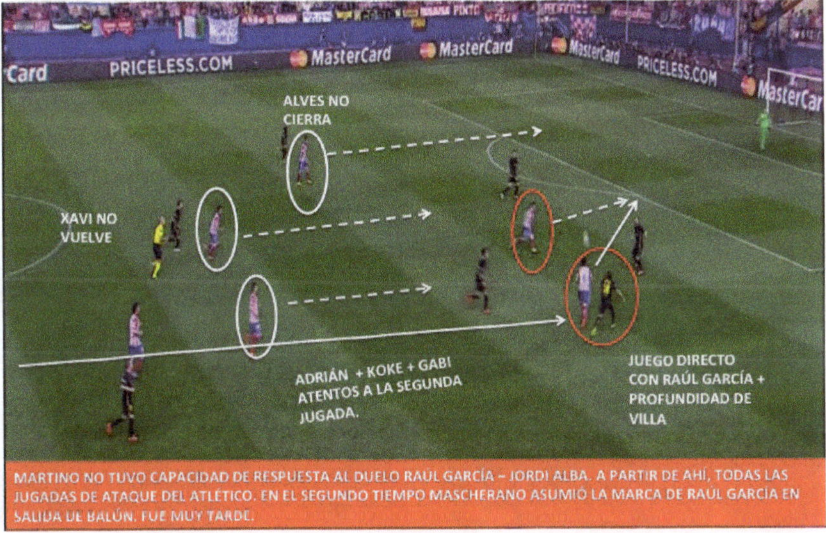

MARTINO NO TUVO CAPACIDAD DE RESPUESTA AL DUELO RAÚL GARCÍA – JORDI ALBA. A PARTIR DE AHÍ, TODAS LAS JUGADAS DE ATAQUE DEL ATLÉTICO. EN EL SEGUNDO TIEMPO MASCHERANO ASUMIÓ LA MARCA DE RAÚL GARCÍA EN SALIDA DE BALÓN. FUE MUY TARDE.

"Si veo barro, me tiro de cabeza. Me gustan los desafíos en el mundo del fútbol" Cerca y lejos de Lisboa

La Champions ya era cosa de cuatro. El Bayern se mediría al Real Madrid y el Atlético, al Chelsea. Contrarrestar era el arte de Mourinho. También el de Simeone. Los rojiblancos se sentían cómodos cuando los rivales querían el balón y aspiraban a ganarles tocando. El Chelsea no es de esos. La posesión podría ser para el árbitro, ya que la propuesta del Cholo es muy similar a la de Mourinho. Buscan cerrar todos los caminos al adversario y, una vez conseguida la resistencia, salir al contraataque con una jugada de tres, cuatro toques como máximo, para, una vez acabada, volver todos a la cueva a seguir defendiendo.

Un bloque contra otro. A ver quién pisa más fuerte. Cualquier paso atrás es una rendición. Mourinho y Simeone han convertido a los suyos en soldados que creen, sin condición alguna. Courtois, Arda y Diego Costa serán claves, pero el más importante para jugar contra el Chelsea es Koke. El balón parado y ese último pase ganador. Es una eliminatoria donde el primer gol, más si marca el visitante, da una ventaja infinita. En el Calderón, prohibido encajar. El pase estará siempre en marcar en el Bridge. El Atlético está ante su gran oportunidad, porque el Chelsea tiene mucha más calidad que fútbol para ganar partidos.

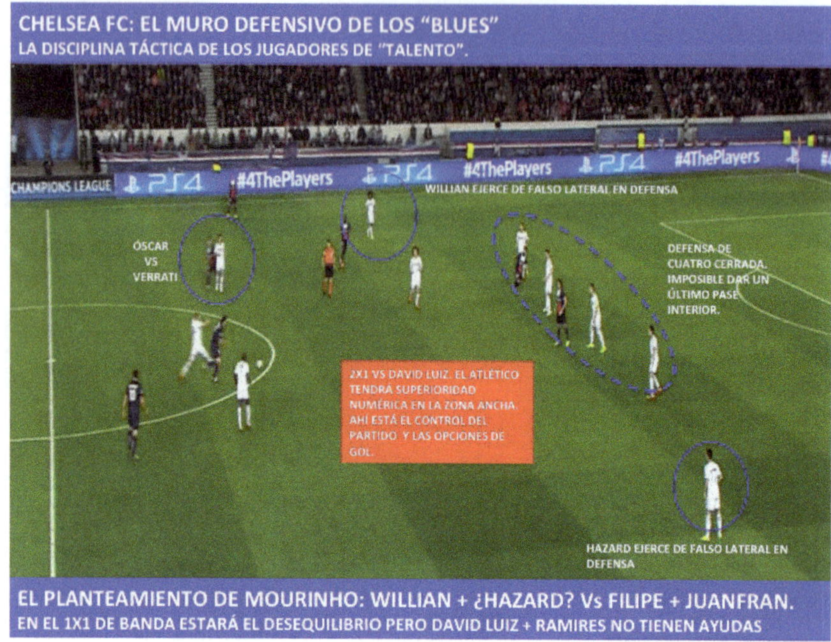

ARTÍCULO PUBLICADO EN MARCA EL 22-4-2014

Gladiadores

El Calderón es un coro. El sentimiento se ha vuelto competitivo, siendo Simeone el líder de todo un estadio que, con su voz y aliento, es capaz de hacer volar a los suyos. En tiempo de títulos es básico tomar cierta distancia para mantener la cabeza fría. El pase a la final será para aquel que sea más preciso. Saber jugar -Atlético y Chelsea ya han demostrado su estilo- supone no cometer errores y exige blindarse atrás cuando se ejerce de local. La posesión será la primera batalla encubierta, ya que quien la asuma estará perdiendo su hábitat.

Simeone, en los tiempos de Mourinho en el Inter, estuvo en el Appiano Gentile aprendiendo todos los secretos del técnico portugués. Ambos descifran el fútbol del mismo modo, así que en el área técnica estarán dos hombres iguales que son maestros en el arte de contrarrestar y mandar en el juego sin la posesión del balón. Son patrones que ganan a partir de transiciones. Pasar de defender a atacar, esos cinco segundos de contraataque que te dan opción de hacer gol con la carrera de un par de jugadores, y el balón parado. Ahí estará el factor diferencial.

Equipos armados para tener respuesta en todo el campo, pero con la obligación de un portero y un delantero ganador para dominar las áreas. Simeone y Mourinho dirigen ejércitos que creen en ellos. Courtois contra Cech. La única diferencia es la experiencia. La paridad de las parejas se rompe con el 9. Diego Costa contra ningún indiscutible. Eto'o es baja, Demba Ba no sostiene el juego y Fernando Torres, para el que jugar en el Calderón será algo más que una final, y en éstas siempre marca, aunque todo indica que Schürrle será el elegido.

El Atlético aparenta más en la punta del ataque, y es porque Diego Costa será "blue" el próximo año, según cuentan los interesados. En el otro lado está la dependencia de Eden Hazard, le necesitan; es la amenaza. Es el líder de la contra, el futbolista capaz de batir las líneas colchoneras con una simple conducción de balón. Con el belga -con Mourinho subió de nivel, el Chelsea es más equipo. Ayer no entrenó con sus compañeros. Medio punto más para el Atlético.

Ivanovic -intocable para Abramovich- es otra ausencia significativa. Su valor en el balón parado, su cualidad para cerrar la espalda del central y el coincidente papel (lateral derecho) con el carril interior por donde Diego Costa rompe a los adversarios. Sin Ivanovic, "the special one" necesita inventarse una defensa o encontrar un lateral. Podría jugar con tres centrales más Azpilicueta o bien quitar un central y meter a Ashley Cole. La opción que no hará -Mourinho no apuesta por los jóvenes en tiempo de títulos- será meter a Nathan Ake como lateral zurdo. Si juega, habrá que estar atentos. Será uno de los buenos. Lo que es seguro es que Mourinho alterará los biorritmos del partido. Él es así y quizás esta vez su equipo lo demande.

El favoritismo siempre será del Chelsea, pero los colchoneros llegan en un gran momento. Diego Costa, Villa y Adrián están jugando minutos con mejor o peor fortuna y los pasadores -Koke, Diego Ribas y Arda- están en disposición. La defensa será la de siempre y no hay bajas. El Cholo tiene más que un once titular, pero la formación no admite variantes. Muchos comandantes disfrazados de soldados que se ocultan tras el discurso de Simeone y el brazalete de Gabi. No podría darse un escenario mejor, es aquí y ahora. Portería a cero y a marcar con la fuerza que tiene el que nunca ha dejado de creer.

CHELSEA FC: EL MURO DEFENSIVO DE LOS "BLUES"
LAS ZONAS DÉBILES DEL PLANTEAMIENTO DE MOURINHO.
FILIPE LUIS
1X1
RAMIRES
DEFENSA DE
CUATRO CERRADA.
IMPOSIBLE DAR UN
ÚLTIMO PASE
INTERIOR.
2X1 VS
DAVID LUIZ
ATAQUE POR LOS PASILLOS LATERALES
EL PLANTEAMIENTO DE SIMEONE:
2X1 CONTRA DAVID LUIZ + ATAQUE POR LOS PASILLOS LATERALES.

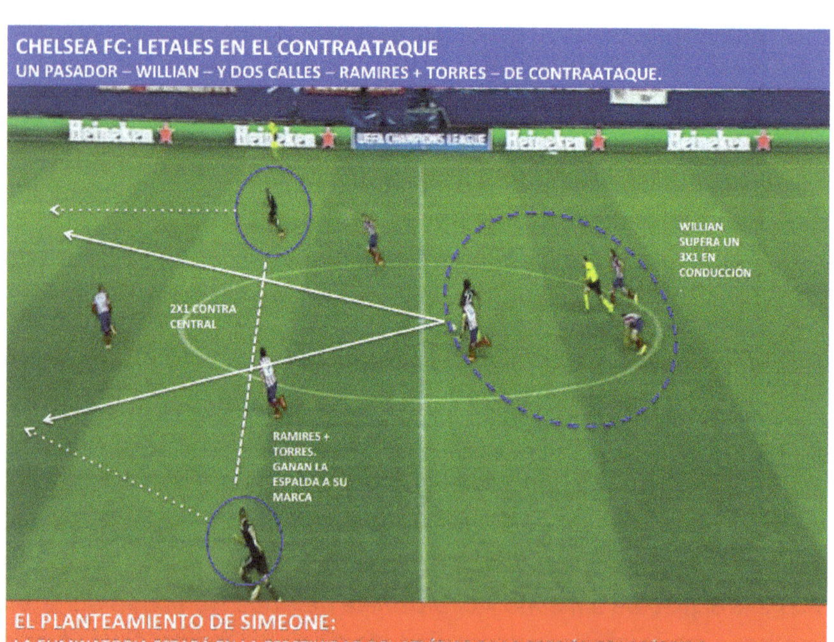
CHELSEA FC: LETALES EN EL CONTRAATAQUE
UN PASADOR – WILLIAN – Y DOS CALLES – RAMIRES + TORRES – DE CONTRAATAQUE.
WILLIAN
SUPERA UN
3X1 EN
CONDUCCIÓN
2X1 CONTRA
CENTRAL
RAMIRES +
TORRES.
GANAN LA
ESPALDA A SU
MARCA
EL PLANTEAMIENTO DE SIMEONE:
LA ELIMINATORIA ESTARÁ EN LA EFECTIVIDAD DEL ATLÉTICO EN LA PRESIÓN TRAS PÉRDIDA.

libro
futbol
.com
AL GOL SE
LLEGA LEYENDO

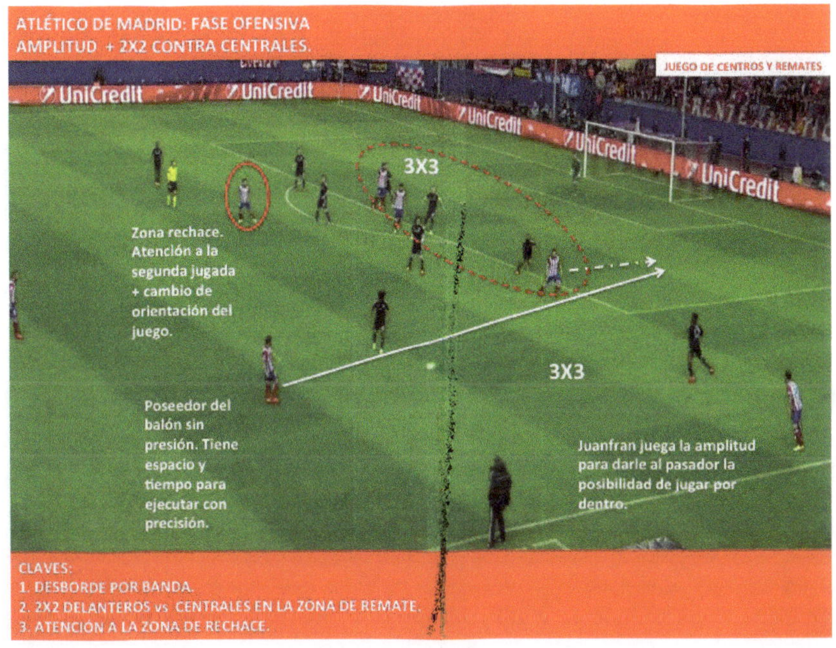
ATLÉTICO DE MADRID: FASE OFENSIVA
AMPLITUD + 2X2 CONTRA CENTRALES.
JUEGO DE CENTROS Y REMATES
3X3
Zona rechace. Atención a la segunda jugada + cambio de orientación del juego.
3X3
Poseedor del balón sin presión. Tiene espacio y tiempo para ejecutar con precisión.
Juanfran juega la amplitud para darle al pasador la posibilidad de jugar por dentro.
CLAVES:
1. DESBORDE POR BANDA.
2. 2X2 DELANTEROS vs CENTRALES EN LA ZONA DE REMATE.
3. ATENCIÓN A LA ZONA DE RECHACE.

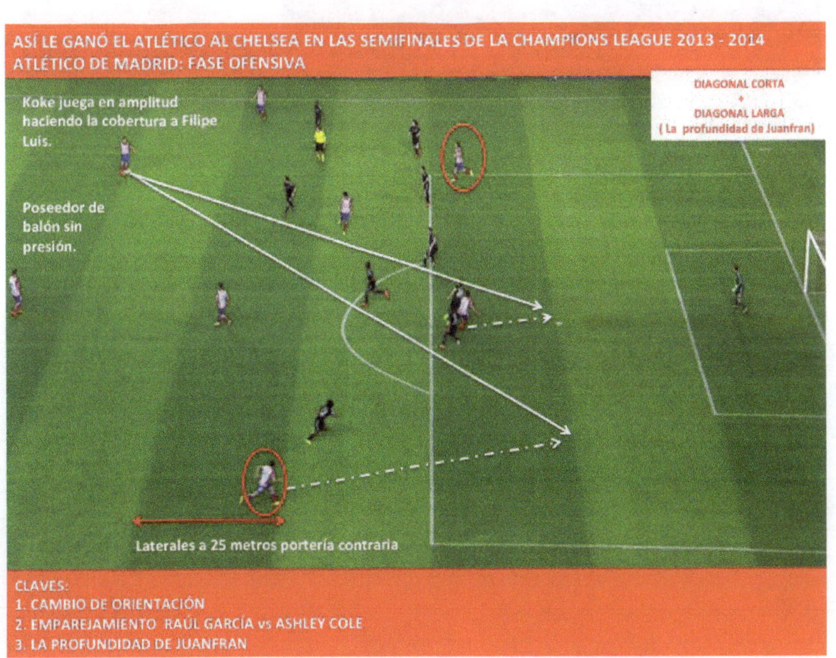
ASÍ LE GANÓ EL ATLÉTICO AL CHELSEA EN LAS SEMIFINALES DE LA CHAMPIONS LEAGUE 2013 - 2014
ATLÉTICO DE MADRID: FASE OFENSIVA
DIAGONAL CORTA
+
DIAGONAL LARGA
(La profundidad de Juanfran)
Koke juega en amplitud haciendo la cobertura a Filipe Luis.
Poseedor de balón sin presión.
Laterales a 25 metros portería contraria
CLAVES:
1. CAMBIO DE ORIENTACIÓN
2. EMPAREJAMIENTO RAÚL GARCÍA vs ASHLEY COLE
3. LA PROFUNDIDAD DE JUANFRAN

ASÍ LE GANÓ EL ATLÉTICO AL CHELSEA EN LAS SEMIFINALES DE LA CHAMPIONS LEAGUE 2013 - 2014
ATLÉTICO DE MADRID: FASE OFENSIVA
DIAGONAL CORTA
+
DIAGONAL LARGA
(La profundidad de Juanfran)
Koke – Mario Suárez – Gabi
3 medios por detrás del balón
para frenar el contraataque del
Chelsea
Laterales a 20
metros portería
contraria
CLAVES:
1. CAMBIO DE ORIENTACIÓN
2. EMPAREJAMIENTO RAÚL GARCÍA vs ASHLEY COLE
3. LA PROFUNDIDAD DE JUANFRAN

ASÍ LE GANÓ EL ATLÉTICO AL CHELSEA EN LAS SEMIFINALES DE LA CHAMPIONS LEAGUE 2013 - 2014
ATLÉTICO DE MADRID: FASE OFENSIVA
DIAGONAL CORTA
(El duelo aéreo Raúl Garcia vs Ashley Cole)
Poseedor del
balón sin marcaje
con espacio y
tiempo para
buscar la
diagonal y el
duelo ganador
para el Atleti.
DUELO AÉREO
RAÚL GARCÍA vs
ASHLEY COLE
CLAVES:
1. CAMBIO DE ORIENTACIÓN
2. EMPAREJAMIENTO RAÚL GARCÍA vs ASHLEY COLE
3. LA PROFUNDIDAD DE JUANFRAN

ARTÍCULO PUBLICADO EN MARCA EL 30-4-2014

La gloria del primer gol

Nada invita a pensar que en Stamford el partido sea diferente al vivido en el Calderón. La eliminatoria recuerda los duelos tan cerrados entre el Liverpool de Benítez y el Chelsea de Mourinho, donde los "reds" se volvieron "ogros" que pusieron freno a las aspiraciones de gloria de aquel incipiente capitalino. Todo a una jugada, con un matiz importante: un gol del Atleti es mucho más que un tanto de los locales, aunque también es cierto que hay que marcarlo.

Mourinho minará Stamford sin inmutarse. El público está acostumbrado a que los suyos resistan por detrás del balón, aceptan el fútbol de recuperar y correr donde la estrategia es el otro camino. Al Atleti no le sienta bien la posesión, así que "si no quieres taza, taza y media", pensará el técnico portugués. Prohibido encajar y mantener la calma para esperar el error de los colchoneros. El guión sólo se verá alterado con un gol, dando paso a un partido nuevo donde el que marque tendrá en jaque mate al adversario, por los riesgos que éste deberá asumir.

Simeone -a diferencia de su etapa como jugador- sabe huir del cuerpo a cuerpo. No atiende al adversario, huye de la dialéctica y de las excusas que pudieran distraer a los suyos. Se enroca para no salirse del guión, pocas palabras pero contundentes, aunque Mourinho le buscará las vueltas. Alterar las emociones es la especialidad del portugués, siendo la vuelta de Hazard y Terry -descartados taxativamente por él mismo- el primer toque de atención.

A los citados se suman Samuel Eto'o e Ivanovic. El 11 de Mourinho sube un par de escalones de nivel sobre el presentado en el Calderón. La idea de acorazado atrás no cambiará, correrán todos y no asumirán ningún riesgo, pero el valor añadido que supone la entrada de Terry, que ya jugó en la ida, Ivanovic, Hazard y Eto'o convierte a los "blues" en los favoritos.

Mourinho querrá sorprender al Atlético. La primera idea es la presión a todo el campo en el inicio del partido. Nada de refugiarse. Ir al frente desde el minuto cero para romper con todos los esquemas

colchoneros. Presión 1-4-1-4-1 y mucha velocidad en las acciones. La propuesta será un ritmo trepidante en ataque y generar claustrofobia a los de Simeone cuando tengan el balón. La falta táctica -en caso de ser desbordados- es una máxima que todos tendrán en la cabeza, ya que los "blues" arrastran suficiente bagaje para saber que un gol en contra les tumba.

Y si no hay errores, ¿cómo se marca gol? Con el juego a balón parado. Cada estrategia, un subidón de tensión. Terry, Cahill y David Luiz serán los jugadores a controlar. Esos, al primer palo, pero nadie debe olvidar que Eto'o es un especialista en empujar a la red cada balón que llegue al segundo palo. Courtois tiene la llave. Si el belga domina su área, el primer paso estará dado. Diego Costa, como hombre libre, y unas marcas férreas con intención de anticiparse para que el Chelsea sepa que el Atlético es tan buen equipo que no tendrá manera de pasar, como sucedió contra el PSG, desde la estrategia.

ARTÍCULO PUBLICADO EN MARCA EL 1-5-2014

Huracán colchonero

Sin pasión no eres nada. El deseo es un principio fundamental del rendimiento individual, pero en fútbol levantarse es cosa de todos. El Atlético -que no acostumbra a empezar encajando- no perdió ni un segundo en lamentarse. Eliminado, fue directo a por el gol. Sin titubeos ni presión alguna. Metiendo a jugadores en el área y siendo vertical en cada acción, como si el "Thunderstruck" de "AC/DC" que suena a todo volumen en el autobús camino del estadio se hubiese devorado el miedo al abismo.

Adrián ,su alineación fue la sorpresa táctica del Cholo, contrarrestó el inicial del "Niño" Torres y desde ahí todo fue un ejercicio de personalidad magistral. Con tablas, Lisboa era para los atléticos, pero Simeone y los suyos, en lugar de irse atrás y defender la propiedad, decidieron dar un paso al frente, tener el balón y asumir algunos riesgos para buscar un segundo gol, que diferenciaba a vencedores y vencidos.

Este Atlético es impecable defendiendo y sobresaliente atacando. El jaque mate llegó con la misma receta del primer gol. Rondo inicial, pausa para fijar a la defensa y hacer un aclarado en el lado contrario al balón para la diagonal, de manera que Juanfran le ganase la espalda a Hazard. Tras eso, el centro y la entrada de los "búfalos" colchoneros. Marcó Arda para invitar a todos los "blues" a abandonar las instalaciones, porque ya sólo quedaban los mal llamados "minutos de la basura".

La exhibición -la segunda parte fue memorable- tuvo en la fortaleza colectiva el primer bastión, pero los nombres propios volvieron a decir lo suyo. Ninguno fue menos que un notable, pero la frescura de Adrián, que marcó donde su amigo Mata fue negado, la solvencia de Tiago y la excelsa calidad de Koke, que si mete su tiro a la madera se cae el Bridge, la fe de Juanfran cortando en todas las ocasiones y la clase única, ya sea por talento de Arda o por lucha de Diego Costa, fueron las notas individuales en un equipo en el que Courtois volvió a ser el más grande.

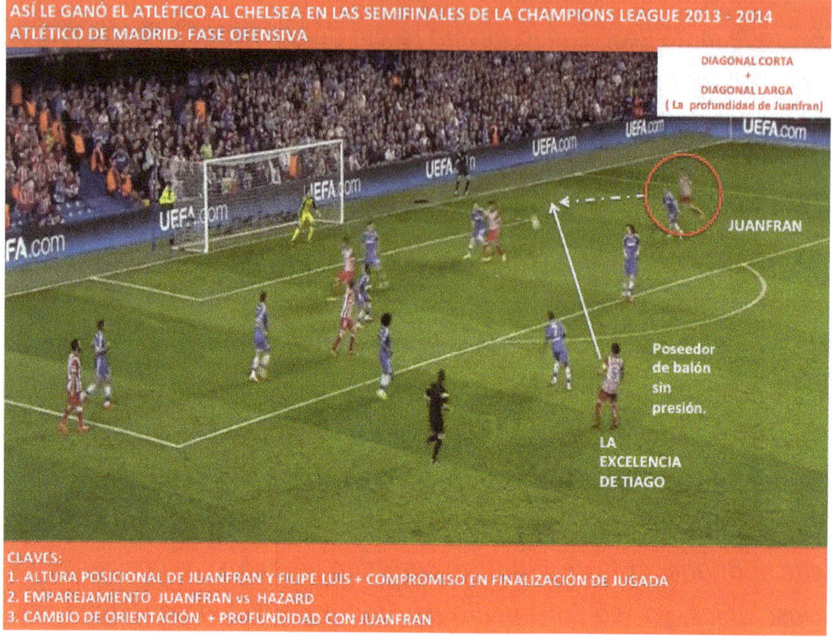

Gloria rima con lucha

El Atlético estaba en la final. Los caminos de la Champions y la Liga se juntaron hasta tocarse, desbordando la pasión y poniendo el corazón a prueba de todos los que, ya sea jugando, dirigiendo o alentando desde la grada, defienden el sentimiento colchonero. Podrían ganar o perder, pero nunca en la historia del Atlético, y ya van 111 años desde su fundación, se había dado que de sábado a sábado, y sólo con seis días en medio, el club se jugase Liga y Champions contra Barça y Real Madrid.

La cultura del Cholo, partido a partido, mantenía a los suyos con la mentalidad intacta. El Atleti, sin la capacidad de otros para ganar por KO, ganaba a los puntos. Paso a paso, miguita a miguita, y siempre dejando pistas, como Pulgarcito, de que iban en serio, agotando a los otros aspirantes hasta el punto de que estos no dejaron de enseñar sus vergüenzas. Una de ellas, renunciar al título, pecado en el que incurrieron Real Madrid y Barça sin estar matemáticamente fuera.

El Madrid, con tres partidos sin ganar, ya no contaba para la Liga.

Este tropezón y los enfrentamientos directos en los que no pudo ni con Barça ni con Atlético no dejaban en buen lugar a un club que cuando huele Champions se desconecta como ningún otro. El Barça ya no triunfaba cuando y donde quería. Sin ideas, caminando más que corriendo, y con un Messi que ya no dibuja la última palabra.

El Atlético llevaba partidos desafiando su estilo. Fútbol de ataque contra rivales replegados que ceden el balón y reducen espacios a los del Cholo. Ahí, con todos los adversarios en su propio campo, es donde más sufría un equipo que persigue como ningún otro. Barça y Real Madrid -por orden cronológico- tenían toda la presión. No podían fallar. Se acabaron las "finales" en las que el Atleti tenía que proponer; ahora podrían volver a basarlo todo en contrarrestar primero y contragolpear después, escenario donde los colchoneros demostraron moverse como pez en el agua.

La gloria está ahí. De conseguirla serán inmortales. Pase lo que pase, nadie se olvidará de ellos. Si pierden, el dolor será intenso, pero la gesta será valorada con el tiempo. Los perdedores no tienen sitio en la historia, aunque este equipo del Cholo ya ha conseguido lo impensable. Están ahí. La ventaja de jugar contra el Madrid y contra el Barça es que de un plumazo han dejado fuera de combate a enemigos como la ansiedad, la presión y la rigidez que da la obligación de ganar. La concentración y el deseo marcarán la diferencia de un Atlético que tendrá que volver a defender para poder volar.

"Hay que atreverse a ser grande"

La cita es de Kobe Bryant, jugador de Los Angeles Lakers. El vértigo suele ser un enemigo, superarse radica en el día a día, en el silencio del entrenamiento más que en el fragor de la batalla. Cuando llega el momento, tienes que estar preparado y eso sólo se consigue entrenando como si toda la afición te estuviese mirando, y creyendo en el líder, en este caso Simeone, por más que se equivoque en ocasiones. Alentar al compañero, respetar las decisiones del entrenador, contestar a la suplencia subiendo el nivel de deseo y compromiso en los entrenamientos y no haciendo la guerra sucia por detrás. Huir del entorno y centrarse en el equipo. Cuidar la alimentación, el descanso y saber aguantar la tensión, ya que para ser grande tienes que estar dispuesto a sacrificar tu vida veinticuatro horas sobre veinticuatro, y sabiendo que el talento ayuda, pero lo importante está en todo lo demás.

La semana fue apasionante. Barça o Atleti, con el Madrid como telón de fondo. En Can Barça, el ruido se acumulaba y las distracciones se generaban desde la propia casa. En el Atlético, silencio y entrenamiento. Normalidad. Recuerdo que el domingo 11 de mayo de 2014, seis días antes de la final por la Liga, estaba en la cadena Cope con Paco González y Pepe Domingo, un lujo compartir momentos con ellos. Y Paco, tan futbolero él, me preguntó de manera directa, sin escapatoria alguna: ¿Barça o Atleti, quién gana la Liga, Marcos? Atleti, le contesté, sin titubear lo más mínimo. El Atlético tiene la energía y determinación que le faltan al Barça, desea la Liga y mentalmente son un bloque unido que lucha por la misma causa. Ahí está la diferencia, tan abismal como en lo físico. Queda lo técnico, aunque los colchoneros no son mucho menos. El fútbol es caprichoso, sí, pero, así todo, la Liga es del Atlético. Es más, creo que gane o pierda esta Liga ya tiene campeón pase lo que pase en el Camp Nou.

Simeone siempre iba un paso por delante. Dominaba los tiempos con una superioridad asombrosa. Era el patrón y cuando ocurre eso los equipos lo notan. Suben como la espuma. Ningún otro técnico le hacía sombra en el escenario europeo. Antonio Conte y Jurgen Klopp, como líderes de la Juventus y el Borussia, tenían un papel similar en una temporada donde Guardiola sufría para imponer sus tesis en el Bayern, y Mourinho era cuestionado por el vestuario del Chelsea. Carlo Ancelotti, recién llegado, vivía altibajos en su consideración y algunas críticas desde los fueros internos, y Gerardo "Tata" Martino era tirado por tierra por los jugadores por los métodos de entrenamiento. Sir Alex Ferguson se había ido, Cruyff seguía gobernando, pese a llevar dos décadas retirado, y Pellegrini no aprobó la asignatura de la Champions. Simeone era el entrenador que estaba en boca de todos, tal y como lo había estado Jurgen Klopp la temporada anterior.

La cuenta atrás había comenzado. El profe Ortega hizo su trabajo semanal y nada perturbaba el retiro colchonero. No había noticias, sólo que Diego Costa estaba preparado. El Atlético llegaba a sus finales con el armazón intacto. Simeone era el epicentro y director de orquesta. Gabi, corazón rojiblanco, ejercía de gran capitán, la mano derecha del Cholo. Había pasado ya tiempo desde que habían coincidido en la plantilla como jugadores, uno era el veterano que se iba y el otro, un joven que necesitaba aprender el oficio, pero el tiempo hizo del Cholo un entrenador de los que no dejan indiferente a nadie, y de Gabi, el mejor capitán posible. Había estado muchos años preparándose como para fallar ahora. A la dirección había que sumar la estructura, la de los pasillos de seguridad, que le gustaba decir a Luis Aragonés, con Courtois en la portería, Miranda y Godín como dupla de centrales, Tiago en la medular, en un nivel de forma y acierto espectacular, y un "búfalo", Diego Costa, como 9. Llegaban todos puntuales a la cita del Camp Nou.

Era el sexto partido contra el Barça de la temporada. Un serial donde el Atlético no había llorado nunca. Los del Manzanares perdieron la Supercopa en agosto por el valor del gol en campo contrario, en un partido donde los colchoneros abusaron de las faltas y la agresividad para cortar el ritmo de juego de los azulgranas y evitar ser superados en el uno contra uno. Fueron muy criticadas las doctrinas del Cholo, pero los suyos se habían colgado del cuello de sus rivales, dando un primer aviso del nivel competitivo que habían alcanzado.

Ese día, acabada la Supercopa, le preguntaron a Simeone sobre las posibilidades del Atlético en la Liga. Esa pregunta también se la habían hecho a Quique Sánchez Flores años atrás tras ganar la Supercopa de Europa. La respuesta de ambos fue la misma: "Hay muy pocas posibilidades de ganar al Madrid y al Barcelona". En el vestuario nadie entendió eso como una rendición, sino como una estrategia, aunque en las apuestas -allá por el mes de agosto- se pagaba mil a uno la Liga colchonera. Simeone y los suyos sabían lo que querían. La fe del equipo iba a sacar partido a partido al Madrid y al Barça de ese universo de confort donde sólo están ellos.

El serial contra el Barça fue un libro abierto de la progresión atlética. Empezaron haciendo faltas y cortando el juego por lo civil o lo penal, pero terminaron dominando el juego sin necesidad de faltas ni de posesión contra un Barça que fue muriendo poco a poco, ya que en cada partido habían hecho menos que en el anterior. Unos iban a más y otros agonizaban. El Atlético quería la Liga y el Barça buscaba que la pesadilla se acabase cuanto antes. El deporte es tan caprichoso que nunca se sabe cuándo los azulgranas podrán tener una oportunidad tan clara: ganar un partido en casa, con el Camp Nou lleno, y levantar el título liguero.

ARTÍCULO PUBLICADO EN MARCA EL 17-MAYO-2014

Triunfo o silencio

La eternidad de una Liga resumida en noventa minutos. Una final por la gloria: quien gane, campeón (si hay empate, es para el Atleti). Una prueba de fuego para los corazones. La energía y la determinación, un baremo para la mentalidad colectiva contra los nombres propios que pueden decantar un partido, y por consiguiente el título, con una jugada. La apuesta del Atlético será acelerar el partido, meterle ritmo e intensidad, mientras que el Barça tenderá a dominar hasta que la jugada del gol aparezca.

La fuerza del Chamán

Simeone es el epicentro, el generador de la onda positiva que desprende el sentimiento colchonero. El mensaje del Cholo llega al vestuario, pero también a los seguidores. Frenar la ansiedad y mantenerse firme en la dificultad son premisas tan fundamentales a la hora de plantear como acertar con la disposición táctica. La confianza es plena, los jugadores aciertan en sus mensajes públicos, y la concentración parece a prueba de bombas, pero el riesgo que subyace es que una final lleva a la otra y los colchoneros, ganen o pierdan, deberían entretenerse lo justo, ya que el Madrid lleva semanas de ventaja en la preparación de lo que será "el partido".

El adiós de Martino

Los jugadores piden conjura y que el estadio sea una olla a presión. Las piernas están cansadas, aunque no lo parezcan. Se habla de todo menos de fútbol. Valdés, Puyol, la renovación de Messi y los métodos de entrenamiento del Tata han estado entreteniendo al personal durante la semana. El ruido del entorno -aquel "ente" que Cruyff quería controlar- es atronador. Volver, tras desconectarse, nunca es sencillo, pero es cierto que el Barça podría tener una tercera oportunidad de hacer el relevo generacional tras levantar un título.

La teoría de los bloques

El Atlético no puede desgarrarse. Bajo ningún concepto. De principio a fin, deben sentir el aliento y la ayuda del compañero. Siempre en treinta metros. Y el Barça está obligado a sacar el balón limpio desde atrás ante la presión de los visitantes. Esto que los azulgranas hacían como nadie es ahora una quimera si el rival es solidario. Será un partido en espacio reducido donde el dinamismo, la capacidad individual de acumular acciones de juego, dictaminará quién lo tendrá más cerca, porque el ganador será el que llegue y meta. Simple, pero las finales son así.

La vida en 90 minutos. Sólo puede quedar uno

Muchos campeonatos después, La Sexta no tenía los derechos de la Liga. Habían sido varios años con Antonio Esteva compartiendo los sentimientos de las aficiones y traduciendo el fútbol. Grandes recuerdos se dieron cita antes del Barça-Atlético. Añoranza pero también satisfacción por el camino recorrido. A la misma hora de la final por la Liga teníamos un desafío mayúsculo en La Sexta. Teníamos el RCD Mallorca-Real Jaén a la misma hora, cuando todo un país estaba sólo atento al Camp Nou. ¿Hay alguien ahí? Ésa era una pregunta con una fácil contestación. "No, no debería haber nadie", pero durante muchos años la gente siempre había estado al otro lado. Con partidos mejores o peores, con muchos más halagos de los esperados, siempre gracias como respuesta.

Se trataba de narrar y comentar el RCD Mallorca-Real Jaén con el ritmo que marcase el Barça-Atlético. Había que llenar de sensaciones a nuestra audiencia, que no podía ver lo que ocurría en el Camp Nou, pero sí percibir de primera mano la atmósfera del partido, porque el fútbol, como la vida, no deja de estar lleno de sensaciones. La audiencia ahí estuvo, como siempre. Dando la cara. El dato fue muy bueno y una vez más sólo quedaba dar las gracias. Del mismo modo, los hombres del Cholo tenían que dar las gracias a esa afición que había convertido el Calderón en un estadio que ejercía de valor añadido.

Diego Costa como falso 7

El planteamiento de Simeone

ATLÉTICO DE MADRID - F.C. BARCELONA
2013/2014

LA JAULA A LEO MESSI

1-4-4-1-1

DEFENSA
ZONA 1-2

DEFENSA EN 20m

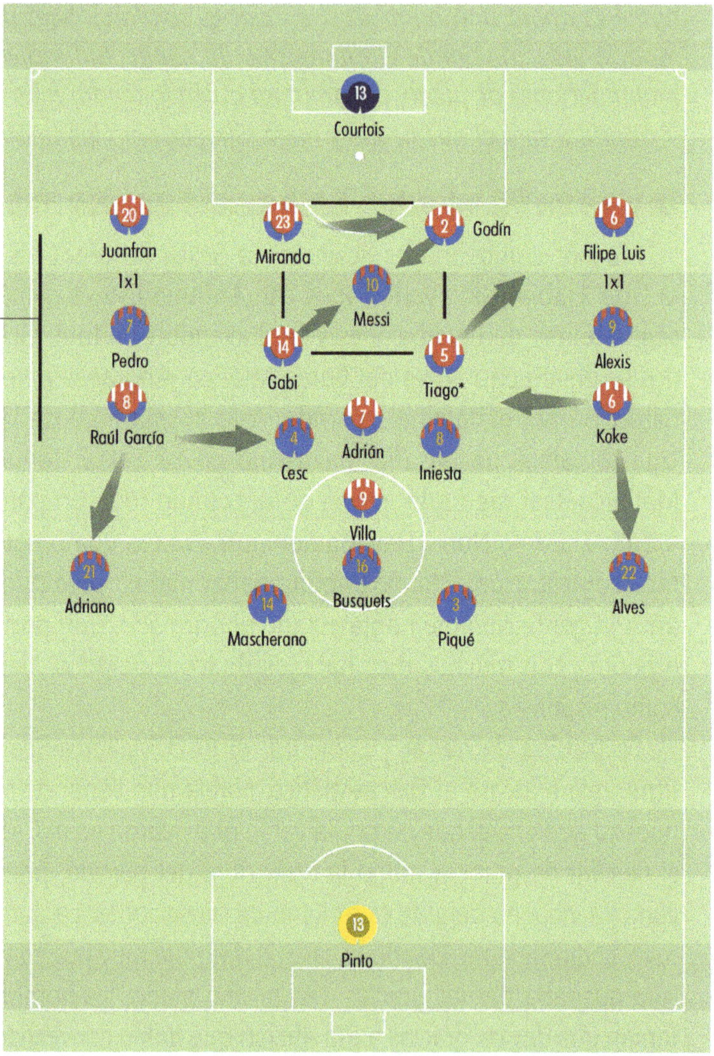

13 Courtois
20 Juanfran
1x1
23 Miranda
2 Godín
6 Filipe Luis
1x1
10 Messi
7 Pedro
14 Gabi
5 Tiago*
9 Alexis
8 Raúl García
7 Adrián
6 Koke
4 Cesc
8 Iniesta
9 Villa
21 Adriano
16 Busquets
22 Alves
14 Mascherano
3 Piqué
13 Pinto

Tiago* 5
Cierra la línea
de pase a
Messi.

ATLÉTICO DE MADRID: FASE DEFENSIVA
DEFENSA EN ZONA 4. PRESIÓN A TODO EL CAMPO.

BLOQUE DEFENSIVO
- ZONA 4 -

CLAVES:
1.PRESIÓN 1-4-1-2-3
2. BASCULACIÓN EN FUNCIÓN DE BALÓN
3. INTENSIDAD SOBRE PASADOR + MARCAJE Y ANTICIPACIÓN SOBRE RECEPTOR DE BALÓN PARA ANTICIPARSE Y CONTRAATACAR.

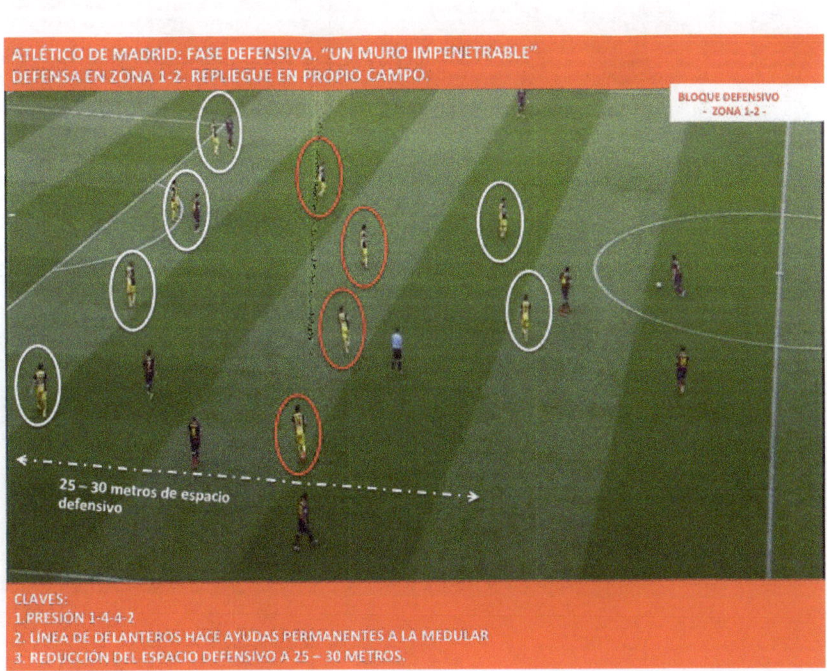

ATLÉTICO DE MADRID: FASE DEFENSIVA. "UN MURO IMPENETRABLE"
DEFENSA EN ZONA 1. REPLIEGUE INTENSIVO

BLOQUE DEFENSIVO
- ZONA 1 -

4X3

EL ATLÉTICO BASCULA A BANDA CUANDO EL BALÓN ENTRA EN EL PASILLO LATERAL. HASTA 4 JUGADORES INVADEN LA ZONA. EL RESTO DEL EQUIPO ACOMPAÑA MANTENIENDO LAS DISTANCIAS A COSTA DE DEJAR DE OCUPAR LOS ESPACIOS EN EL LADO CONTRARIO AL BALÓN.

15 – 20 metros de espacio defensivo

CLAVES:
1. REPLIEGUE 1-4-4-2 CON BASCULACIÓN
2. LÍNEA DE DELANTEROS PRESIÓN BALÓN + CIERRE DE LA PARTE CENTRAL
3. CIERRE "TOTAL" DE LAS LÍNEAS DE PASE INTERIORES.

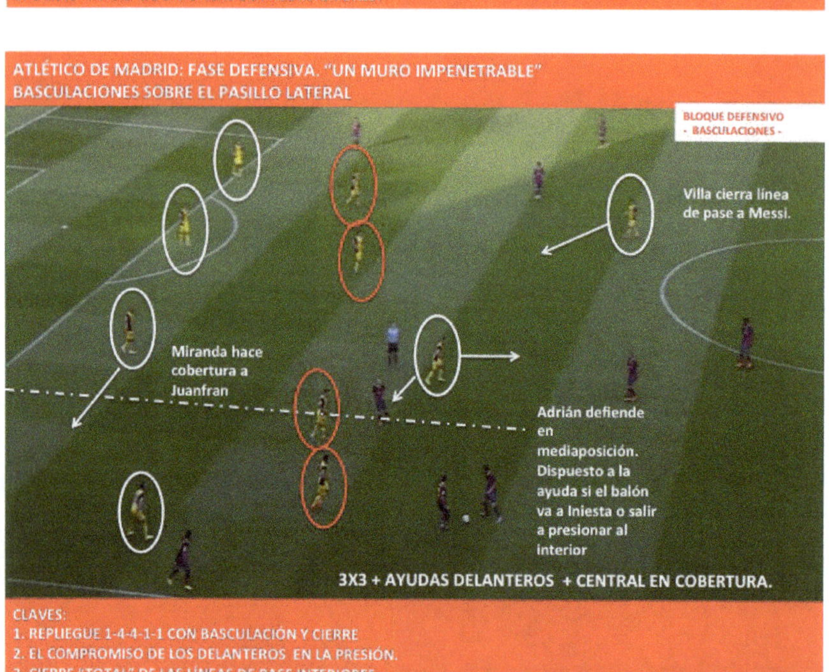

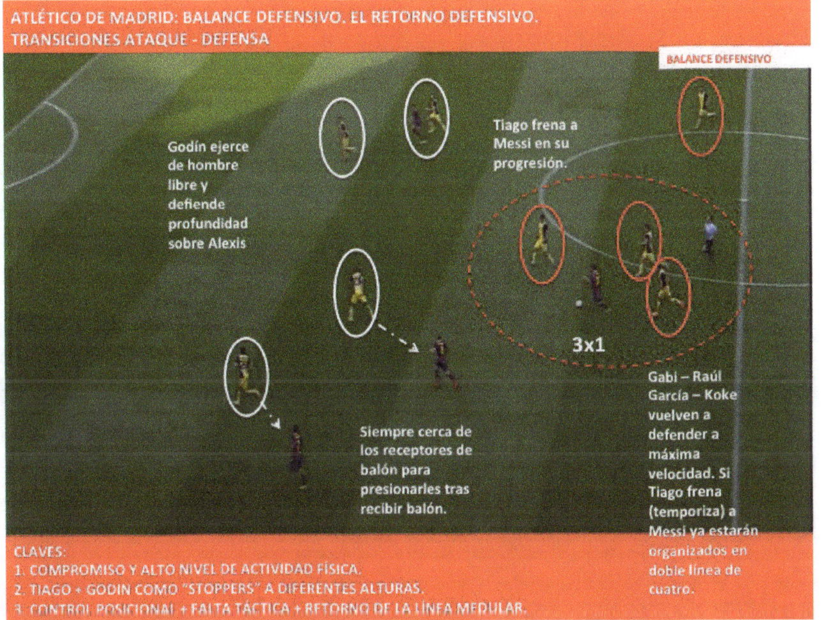

Defender bien para atacar mejor. Simeone apostaba por el doble pivote, Gabi y Tiago, en su alineación en detrimento de Mario Suárez, que suele ser el elegido cuando el Atlético defiende 1-4-1-4-1, con un pivote único. La idea, jugando con doble pivote, era parar a Messi. "La jaula a Leo Messi", con dos centrales por detrás y dos pivotes por delante, una formación en cuadrado indivisible, donde la máxima era defender por delante, cerrando líneas de pase, y por detrás, impidiendo que el argentino pudiese girarse. La concentración y las distancias entrelíneas iban a ser básicas una vez más contra el D10S del fútbol mundial. Leo había sido grande contra el Atleti. Destrozaba a los rojiblancos una y otra vez, pero la llegada del Cholo fue un punto de inflexión. Sólo tres goles en dos temporadas y media, y con el aval de que en los últimos seis partidos no había sido capaz de batir a Courtois. No lo conseguiría tampoco esta vez. Courtois conseguiría así superar el récord de Peter Cech de seis partidos seguidos sin que Messi le hiciese gol.

ATLÉTICO DE MADRID: BALANCE DEFENSIVO + CONTRAATAQUE
TRANSICIONES DEFENSA – ATAQUE

PRESIÓN TRAS PÉRDIDA

5X2

Miranda vigilancia a Messi

Gabi – Raúl García – Koke vuelven a defender a máxima velocidad. Si Tiago frena (temporiza) a Messi ya estarán organizados en doble línea de cuatro.

CLAVES:
1. ALTO NIVEL DE ACTIVIDAD. CAMBIO RÁPIDO DE CHIP.
2. AGRESIVIDAD Y DESEO PARA GANAR LOS DUELOS INDIVIDUALES. AYUDAS. SITUACIONES DE 2X1.
3. VERTICALIDAD TRAS RECUPERACIÓN

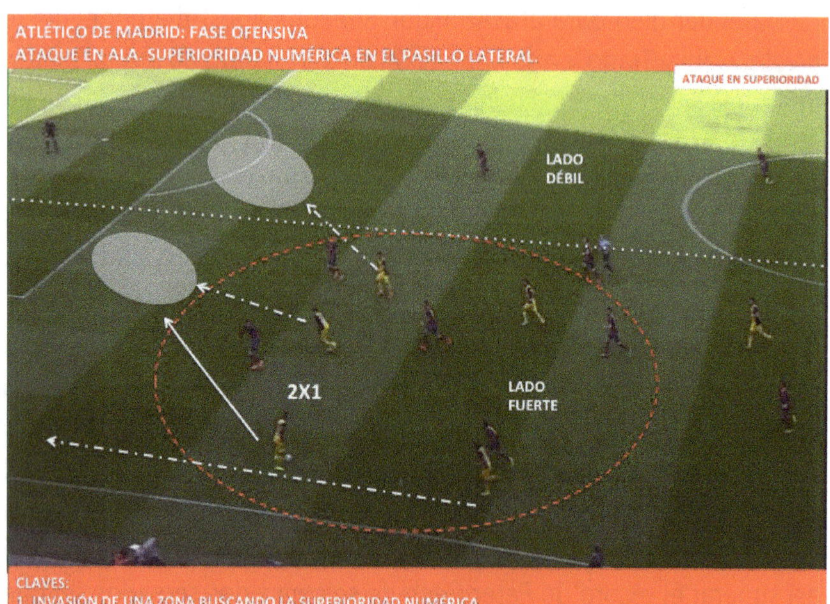

ATLÉTICO DE MADRID: FASE DEFENSIVA

DEFENSA EN ZONA 2. LA LÍNEA DE MEDIOS COMO REFERENCIA.

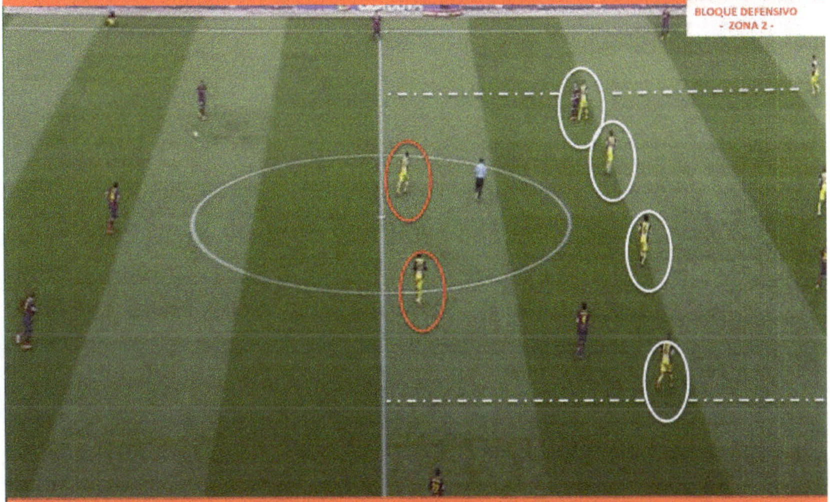

BLOQUE DEFENSIVO - ZONA 2 -

CLAVES:

1.REPLIEGUE 1-4-4-2

2. SE DEFIENDEN LAS LÍNEAS DE PASE INTERIORES

3. SOLO SE DEFIENDE EN LOS PASILLOS LATERALES SI LA PELOTA ENTRA EN ESA ZONA.

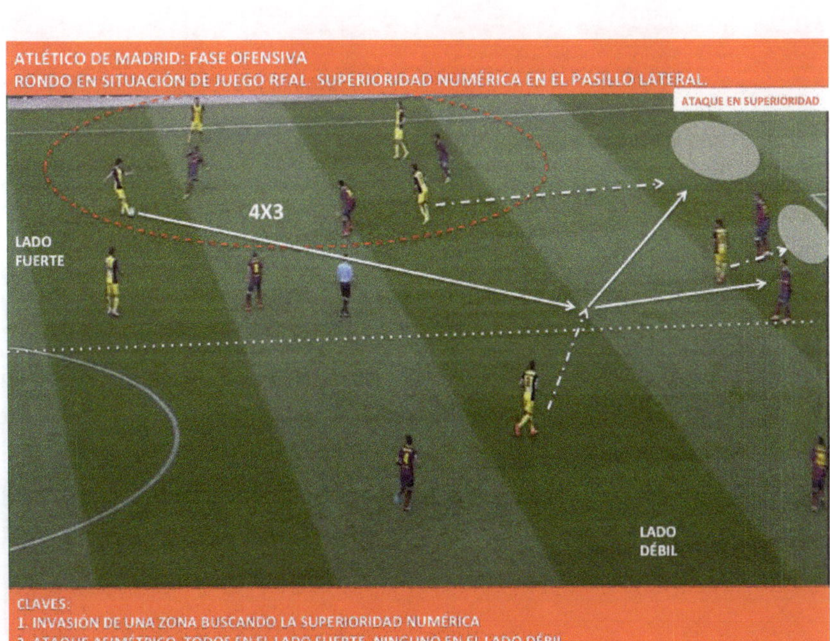

ATLÉTICO DE MADRID: FASE OFENSIVA

RONDO EN SITUACIÓN DE JUEGO REAL. SUPERAR EN EL LADO FUERTE Y FINALIZAR EN EL LADO DÉBIL

INICIO DE JUEGO

COURTOIS SIEMPRE JUEGA SOBRE RÁUL GARCÍA O DIEGO COSTA

2X2

CLAVES:

1. INICIO EN LARGO PARA EVITAR PÉRDIDAS DE BALÓN.
2. UN CUADRADO (CUATRO VÉRTICES SOBRE RAÚL GARCÍA) PARA GANAR LA SEGUNDA JUGADA
3. VILLA (PROLONGACIÓN) + ADRIÁN - KOKE – GABI PARA EL RECHACE.

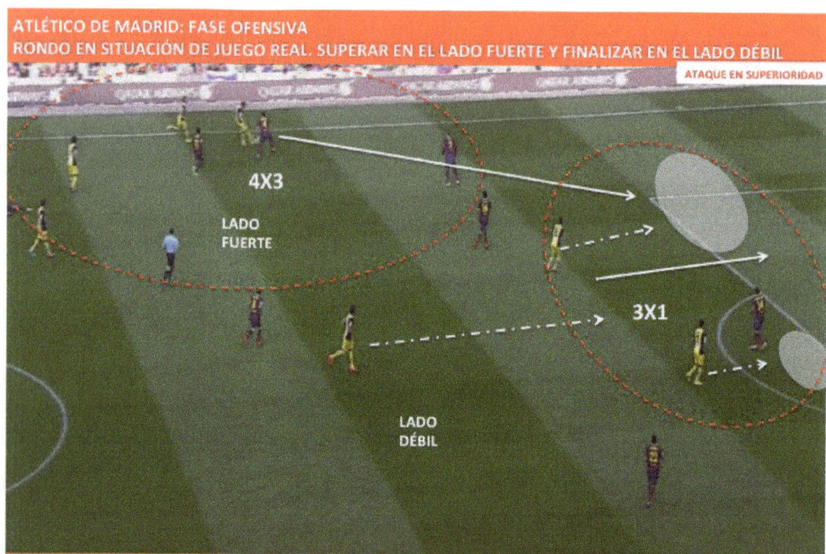

CLAVES:

1. INVASIÓN DE UNA ZONA BUSCANDO LA SUPERIORIDAD NUMÉRICA
2. ATAQUE ASIMÉTRICO. TODOS EN EL LADO FUERTE, NINGUNO EN EL LADO DÉBIL
3. SACAR AL CENTRAL A LA BANDA Y BUSCAR LA PROFUNDIDAD A SU ESPALDA

El partido empezó con el Atlético presionando arriba y teniendo la posesión del balón. Sin complejos, sin necesidad de faltas y dominando el juego en todas las zonas del campo. En el Barça no jugaba Xavi, pero esto no mejoraba ni el ritmo ni la verticalidad. Lentitud, espesura y mucha dificultad para quitarle el balón al Atlético. Las fortalezas azulgranas no se veían por ningún lado, pero el Atlético fue perdiendo jugadores. Todos los guerreros del Cholo son soldados rasos pero la salida anticipada del campo de Diego Costa y Arda Turan dejaba al Atleti sin dos comandantes en plaza. El gol de Alexis, en una jugada aislada, certificó que siempre puede ser peor.

La llegada al descanso marcó un antes y un después. Como ocurrió en Stamford Bridge, contra el Chelsea en semifinales, los colchoneros salieron con una determinación impropia y le dieron una vuelta de tuerca al partido hasta reventar al Barça. Villa, como merecía David, la mandó al palo. Oportunidad perdida, pero "el Guaje", a la semana de llegar, sabía que estaba en un equipo campeón. No se iba a escapar. Y no se escapó. Pocos minutos después, no hizo falta apelar a la épica, empató Godín, el decimosegundo gol de la temporada, en acción a balón parado. De ahí hasta el final, impotencia azulgrana, resistencia atlética y la tensión de no saber lo que te espera, ya que el fútbol suele ser muy variable en su destino.

El Atlético había empatado, "Neptuno" sería una ola de gente rojiblanca y, tal y como había dicho el Cholo, ese día Madrid era colchonera. Lo habían conseguido. Y lo habían hecho a lo grande, con el tributo del Camp Nou. La afición azulgrana, acostumbrada al glamour de la excelencia técnica, les había aplaudido coreando su nombre. Algo para recordar. Simeone y los suyos habían conquistado muchos corazones, dando otra vez valor a la cultura del esfuerzo. Con entrenamiento todo es posible, la dedicación es el mínimo exigible y algo prioritario para ganarse el aliento incondicional de las aficiones.

Messi, pitado durante el partido, se marchó destrozado, sin palabras, hundido. Su entorno transmitía preocupación, y la junta directiva azulgrana comprendía el error de quemar la gran noticia: habían adecuado el contrato de Leo, antes del partido. Todo quedaba en tierra quemada. Las dos últimas ligas perdidas, una con Guardiola y

otra con el Tata, habían sido entregadas en el Camp Nou. Una contra el Madrid de Mourinho y otra contra el Atlético del Cholo. Una patata caliente. Martino se despidió como entrenador, fue muy educado y correcto, mientras que Zubizarreta, director deportivo, no admitía la palabra fracaso. Unos no encajaban con los otros, el Atlético no sólo había ganado al Barça, sino que lo había destrozado hasta el punto de que la afición quería limpieza, desde el presidente no electo hasta el último testigo de un equipo que no se había dejado la piel, tal y como contaba Dani Alves en la noche posterior al desenlace liguero. El Madrid era el siguiente paso.

ARTÍCULO PUBLICADO EN MARCA EL 18-MAYO-2014

Mente voladora

Hasta la última jugada hubo Liga, pero ya tenía ganador desde mucho antes. El Atlético, como equipo, era grande en el barro y campeón en la dificultad. En el campo siempre son once contra once, recurrir a la desigualdad de los presupuestos supone entregar las armas para llegar desnudo a la batalla, y como en Stamford Bridge, nadie pudo ponerles el pie encima a los guerreros de Simeone. Ya son héroes y lo son por su capacidad para resurgir.

Diego Costa y Arda se fueron por lesión. Alexis hizo el gol que le daba el título al Barça. Había que levantarse y competir como si no hubiese mañana. Los corazones helados dieron paso a la creciente subida de pulsaciones con el arranque de la segunda mitad. Salieron a por todas, demostrando que al Barça se le puede ganar con balón, jugando con verticalidad y precisión, basando toda la fuerza ofensiva en el dinamismo. En el Atleti corren todos y hasta que llegó el gol de Godín no pararon. No fue la resurrección, porque los del Cholo nunca se fueron. Simplemente, las cosas no se habían dado bien en el primer tiempo.

Orden y disciplina. Son básicos para defender. Tras el empate, el Atlético volvió a refugiarse en el bloque. Resistencia en pocos metros, dejándose la vida en cada balón dividido y marcando diferencias en lo físico. Cada duelo individual era una oportunidad para demostrar la jerarquía, que los colchoneros no despreciaban. Courtois, un núme-

ro uno con mayúsculas, no tuvo demasiado trabajo. Messi, que hasta la llegada del Cholo arrasaba a los rojiblancos, volvió a quedarse sin marcar. Son seis partidos sin gol contra el Atleti, que acaban con adecuación de contrato. Set en blanco.

La mentalidad y la ambición. Superación. A la muerte o a la gloria, van juntos, sintiendo el aliento y la fuerza del compañero, y saben voltear la adversidad a partir del fútbol. Es imposible esconder la calidad de los colchoneros, saben defender, pero también saben tenerla. No es un equipo de muchos goles, y sin embargo no dejan indiferente a nadie cuando buscan el gol. La estrategia suma, el físico les permite licencias impensables, la mente les vale para volar, pero la calidad termina poniendo a cada uno en su sitio. Y ese lugar deja a todos por detrás. Ya lo había antes del partido, pero sólo hay un campeón. El Atlético de Madrid.

La historia se escribe latido a latido

El pitido final dio paso a la celebración y a la camiseta que todos los jugadores vestían con el lema citado. Latido a latido. Algo singular y lleno de recuerdos porque habían sido muchos años comentando al Atleti. La salida de Fernando Torres y la llegada de Sergio Agüero dio paso a los goles del Kun y al habitual "Kun, Kun; Kun, Kun; el latido rojiblanco" de Antonio Esteva en tantos y tantos partidos compartidos en el Calderón dándole voz al fútbol de La SextaTV. Aquello calentaba las noches gélidas de invierno tanto como el debut de "Van der Gea". El tiempo pasa tan deprisa que la fuerza del grito y el deseo de celebración venían dados por lo lejos que quedaba 1996. En un abrir y cerrar de ojos ya eran campeones otra vez. El pasado ya no contaba. Los títulos serán eternos -el Atlético sumaba con la Liga cinco años consecutivos ganando un título- y los protagonistas, inmortales, pero los malos recuerdos ya son sólo pasado.

Acabado el partido, el héroe era Simeone, aunque el técnico argentino lo primero que hizo fue buscar a su padre en la grada. El Camp Nou estaba vacío y sólo quedaban los pocos aficionados colchoneros que habían tenido acceso a una entrada. El abrazo entre Simeone y su padre fue emocionante, aunque las declaraciones del padre fueron precisas: "Maravilloso, maravilloso. Lo quieren, lo respetan y lo saben entender". En pocas palabras lo había dicho todo. La clave era ésa, lo respetaban y lo sabían entender, pero también lo querían. Guardiola decía que hacemos las cosas sólo para sentirnos queridos. Al Cholo lo querían, ésa era la diferencia.

El vuelo de vuelta, la posterior cena en el Asador Donostiarra y la visita a "Neptuno" del día siguiente. Abarrotado de sentimiento rojiblanco. Lleno hasta la bandera, con Carlos Jean amenizando la fiesta. Faltó Koke, se encontraba indispuesto. No faltó el discurso de Simeone. Corto y preciso, pero abrumador. Agradeció primero a jugadores, empleados, directivos y aficionados. Luego se centró en su grupo. Unido, fuerte y estructurado, así era su regimiento. Un ejemplo, eso vino a decir. Si se cree y si se trabaja, se puede. Derrotados son los que dejan de luchar. Las miradas se volvieron, el mensaje cambió y, tras todo esto, que bien hubiera podido ser el colofón, el foco de atención ya no era lo conseguido, sino lo que faltaba por conseguir.

"Existen derrotas, pero nadie está a salvo de ellas. Por eso es mejor perder algunos combates en la lucha por nuestros sueños que ser derrotados sin ni siquiera saber que se está luchando"

La cita es de Paulo Coelho. Maestro en reflejar en un pocas palabras leyendas y sentimientos. Simeone y su equipo estaban a cinco días del examen más difícil. Un reto mayúsculo, cuarenta años después el Atlético estaba en la final de la Champions. Los guerreros de Simeone se batirían en duelo con el Real Madrid. El club más ganador -Luis Aragonés lo describió en su día como nadie- era el último bastión para iniciar una nueva era. La victoria o la derrota amplificada, la finalísima contra tu máximo rival era doble o nada. Para unos y para otros. El favoritismo se repartía, aunque el Madrid llegaba con la ventaja de llevar un mes con todas las miradas puestas en la décima.

Simeone optó por alejar a los suyos del ruido. Volvieron a su refugio -en Los Ángeles de San Rafael empezó todo- y se dedicaron a recuperar fuerzas tras las celebraciones por el título liguero. Diego

Costa y Arda Turan centraron toda la atención. Estaban lesionados y su concurso era fundamental, una dupla que elevaba sobremanera la respuesta colchonera a cualquier contingencia. El turco progresaba adecuadamente y Diego Costa decidió irse a Belgrado para buscar el milagro propuesto por la doctora Kovacevic. En el otro lado, el Madrid tenía a muchos jugadores -Cristiano Ronaldo, Benzema y Pepe- pendientes de un hilo de dolor, los lesionados también ganaban por goleada el partido mediático a los sanos.

Diego Costa buscaba el milagro y estos en medicina no se dan. Si el diagnóstico es el correcto, no hay nada que hacer. Durante la semana llamé a varios amigos que habían estado con la doctora Kovacevic. Una persona particular, con unas manos capaces de provocar un dolor extremo, reduciendo los plazos a través de los ultrasonidos, la placenta de yegua y el fortalecimiento muscular. El tratamiento se basaba en una crema de placenta que se aplica con una máquina que crea ondas de presión. Muchos jugadores de alto nivel habían estado yendo allí durante siete años. Al Liverpool le fue de lujo. Rafa Benítez, en 2009, quiso incorporar a la doctora al Staff médico de los "reds". Glen Johnson, Fabio Aurelio, Benayoum o Albert Riera pasaron por allí. También Iván de la Peña, con otro tipo de problema y con suerte dispar.

No se hablaba de tácticas ni de esquemas. Tampoco de las trampas que pudieran darse. Era la final de la salud. Todos querían jugar pero las interrogantes estaban ahí. Se suponía, el Madrid era un carro de combate y el Atlético se dejaba el alma en cada acción, que el ganador lo haría partiendo de la resistencia al agotamiento. Prometían acabar de rodillas, pero sólo uno iba a resistir. La épica se anunciaba y eso dejaba un escenario donde si alguno de los tocados salía a jugar -sin estar al 100 por ciento- el castigo para su propio equipo sería devastador. Los entrenadores tendrían que decir basta al deseo de participar de los guerreros que dirigían.

ARTÍCULO EN MARCA PUBLICADO EL JUEVES-22 MAYO-2014

Ancelotti tiene la última palabra

No es fácil jugar suelto una final. La presión generada por la falla abierta entre la gloria del ganador y la crítica masiva al perdedor, siempre hay un antes y un después, multiplica la tensión incidiendo en la mente -los errores no forzados aumentan, siendo dioses aquellos que suben su nivel de acierto- y en el cuerpo --desgaste muscular de la previa y la fatiga acumulada de la temporada- para condenar definitivamente a aquellos que no llegan bien al punto álgido de la temporada.

Benzema, Pepe, Cristiano y Bale. Todos quieren jugar. Incluso haciéndose trampas al solitario, pero las lesiones musculares no admiten infiltraciones ni dosificaciones en el campo. Estás o no estás. Así de sencillo. El mejor tratamiento son los dedos del fisio y respetar los tiempos pactados. Los milagros no existen, se dan porque la lesión no fue tal y se ha jugado con las cartas adecuadas. La ecografía puede mostrar la curación total, pero las sensaciones del deportista marcarán tanto su rendimiento como su porcentaje de recaída. Arrancar, cambiar de ritmo y golpear el balón es el ADN de los cuatro citados. Ahí el músculo no perdona.

Faltará Xabi Alonso, el equilibrio blanco, y se sigue buscando sustituto. Ancelotti tendrá que tomar la decisión más compleja desde que dirige al Madrid y ésta poco tiene que ver con quién ejercerá de timonel del Real. Carlo, para ayudar los suyos, tiene que estar fino eligiendo una formación titular que encierre particularidades. Valorar el alta deportiva, paso posterior a la obligatoria alta médica, de los lesionados. Y tras esto, decidir. Alinear a Pepe, Benzema y Cristiano podría volverse un error de medida sin retorno. Con uno, se arriesga. Con los tres a la vez, no. Si no va bien, y no tienen buenas sensaciones cuando el árbitro pite, el Madrid tendrá pie y medio fuera de la final.

Tener en el banquillo, podría darse para intimidar, a un jugador que viene de lesión muscular no deja de ser un protocolo de actuación. Primero veinte minutos, al día siguiente una hora y al tercer partido ya es uno más, pero en Lisboa se juega una final. No hay tiempo de probar -el sábado los tres deberían recibir simultáneamente el alta médica y deportiva- y el entrenador no debería arriesgar un cambio con un jugador que a los diez minutos puede estar "out". Di María parece funcionar, la rodilla de Varane no se inflama y se tienen todas las precauciones con Bale. Es tiempo de médicos, fisioterapeutas y juga-

dores, pero una final se empieza a ganar acertando con la alineación.

Los equipos llegaron a Lisboa a la par de la invasión de los aficionados que, con entrada o sin ella, decidieron estar lo más cerca posible de los suyos para alentarlos. Había que cambiar el chip. Los entrenadores tenían la responsabilidad de acertar con sus decisiones aunque también la obligación de saber leer el partido con la anticipación necesaria para ayudar a los suyos. La táctica empezaba a inclinar la balanza, pero en el último entrenamiento las dudas se volvieron devoradoras, ya que Diego Costa se ejercitó como si no hubiese mañana -en realidad no lo habría- y Arda Turan fue uno más, tal y como lo fueron Benzema, Pepe y Cristiano, por el lado blanco, una hora después.

ARTICULO PUBLICADO EN MARCA EL 23-MAYO-2014

Dudas devoradoras

La recuperación de los lesionados y las posibles alternativas están devorando la previa de la finalísima. Las bajas son de calado en el Madrid. Xabi Alonso, como se ha demostrado durante el curso, no tiene igual en la plantilla. Y si lo hay, no se ha dejado progresar a su "otro yo", Illaramendi, supuestamente, por la sencilla razón de que en el Madrid no se espera por nadie. Simeone -obsesionado con el marcaje de Xabi Alonso- pierde la referencia sobre la que estructuraba su defensa y eso abre un nuevo partido. Liberar a Illarra o a quien sea el sustituto para fijar y frenar a Modric es el enroque del Cholo.

La posesión, un obstáculo

La apuesta de Ancelotti por salir a mandar no ha funcionado. La transición de Mourinho a un guión donde el Madrid juega y domina necesita más tiempo. Este Madrid, el de Ancelotti, no ha sido capaz de ganar los duelos importantes siempre que la premisa ha sido invadir el campo contrario, tocar y apostar por la posesión. El partido de Copa del Rey fue la excepción que confirmó la regla. El cambio de dinámica, un Madrid esperando y soltando veneno al contraataque, abrió de par en par las puertas del cielo de Lisboa.

El Atlético es sobresaliente contrarrestando. Ahí está el origen de su fortaleza. Y el Madrid no es tan bueno proponiendo como la talla de sus jugadores podría presuponer. Sin Xabi Alonso se quedan sin el guía, sin ese futbolista sobre el que descargar el juego para huir de la presión y sin uno de esos que hacen correr el balón hasta superar una defensa con un envío en profundidad de cuarenta metros. Ancelotti, experto en finales, le dará calma a la cita y buscará que los suyos escurran el bulto de tener el balón. El primer gol será básico, a partir del mismo unos tendrán que defender, afortunados ellos, y otros que atacar, teniendo a la ansiedad como el peor enemigo.

Defensa a todo el campo

La progresión del Atlético ha sido su principal aval. Son capaces de presionar en campo contrario, de ahogar la salida de balón del rival -que se lo digan al Barça- y de hacer retornos -colocarse por detrás de la línea del cuero si son superados- defensivos al nivel del Borussia de Jurgen Klopp. Simeone sabe que contra el Madrid no interesa una defensa demasiado alta porque la máxima es quitarle todo el espacio a Cristiano y a Bale para correr, así que apretar a Casillas y a los defensas blancos será una estrategia eventual utilizada para cambiar el ritmo del partido y sobresaltar a los merengues.

El efecto Di María

El argentino llega a "full". Y lo hace como principal amenaza. Es capaz de filtrarse y correr la contra, de superar una o dos líneas en conducción. Una amenaza "real" para los colchoneros. La sugerencia táctica será la falta táctica, la vigilancia cuando los rojiblancos ataquen para que el argentino no pueda arrancar y hacer de la debilidad fortaleza, ya que en el Bernabéu, en el partido de Liga de esta temporada, el Atlético ganó con gol de Diego Costa en una jugada que arrancó de una recuperación de Filipe Luis a Di María a escasos 40 metros de la portería que defendía Diego López.

Las torres blancas

Sin Benzema, Pepe dicen que lo tiene imposible, la apuesta será

liberar a Di María y dar entrada a Isco. Las bajas sólo serán seguras cuando se sepan las alineaciones, así que todo es una mera especulación basada en el conocimiento. Arriba, Bale y Cristiano en la punta para ejecutar el ataque en Torre. En Liga, partido del Calderón, el Madrid acabó así. En el Camp Nou, hace muchos meses ya, esa apuesta no le salió bien a Carlo, pero la única manera de proteger la salud de Cristiano es liberarle en defensa y dejarle arriba para jugar de "killer".

Será un 2x2, Bale y Cristiano contra Miranda y Godín, donde el Atlético necesitará quitarle todo el espacio a los blancos para que éstos puedan ganar la espalda de sus marcas, así como desconectar a Bale y a Cristiano del juego. Ambos, jugando a pierna cambiada, querrán recibir y acabar la jugada. Ahí, por pegada y potencia, son letales, siendo los precedentes lo que condiciona ese final. Simeone querrá cortar el suministro, aislar a Bale y Cristiano, siguiendo el protocolo Messi, de los pasadores, y puede que la alternativa de meter un pivote, Mario Suárez, cobre fuerza para que las ayudas sean permanentes y los interiores, Gabi y Tiago, puedan salir a presionar sin riesgo a los pasadores.

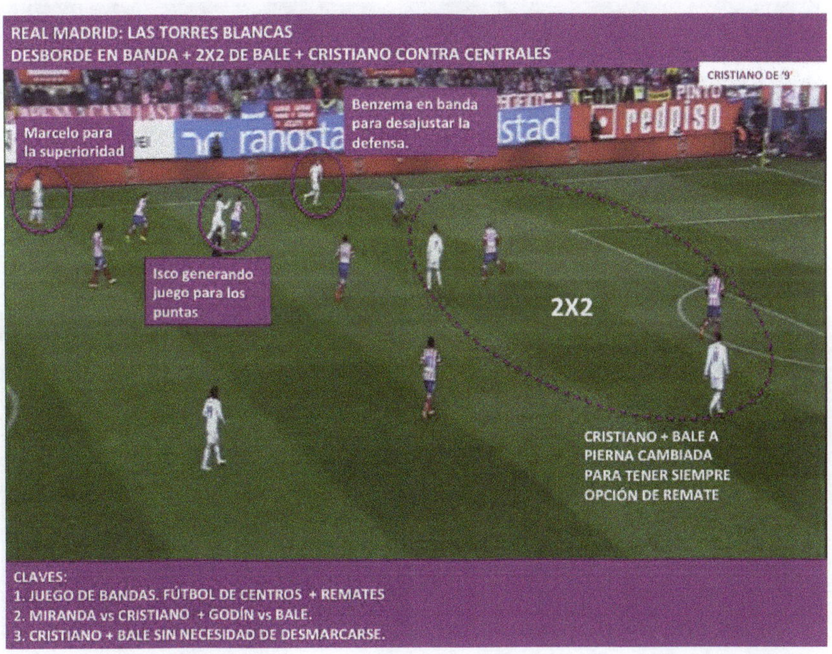

ATLÉTICO DE MADRID: STOP A LAS TORRES BLANCAS
SUPERIORIDAD NUMÉRICA DEFENSIVA EN SITUACIONES DE REMATE

LA JAULA ROJIBLANCA

Benzema llega de 2ª línea

LA JAULA ROJIBLANCA PARA FRENAR ESE 2X2 DE BALE + CRISTIANO CONTRA CENTRALES

XABI + MODRIC para el cambio de orientación.

Isco generando juego para los puntas

CLAVES:
1. AYUDAS PERMANENTES DE LOS MEDIOS
2. REDUCCIÓN DEL ESPACIO PARA LOS MOVIMIENTOS DE BALE + CRISTIANO
3. INTENSIDAD SOBRE EL POSEEDOR DEL BALÓN.

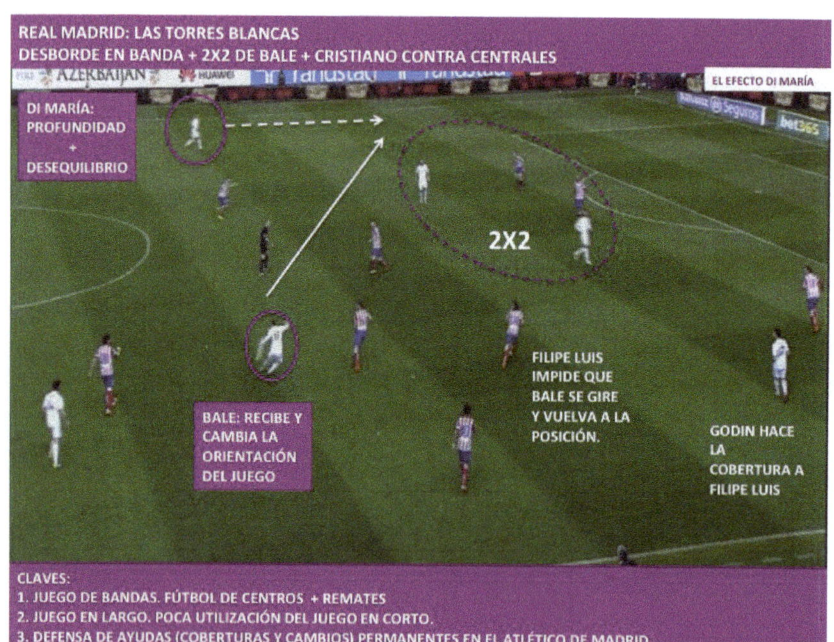

ATLÉTICO DE MADRID: TRANSICIONES DEFENSA – ATAQUE
PRESIÓN MEDIA – ALTA + RECUPERACIÓN + CONTRAATAQUE VERTICAL

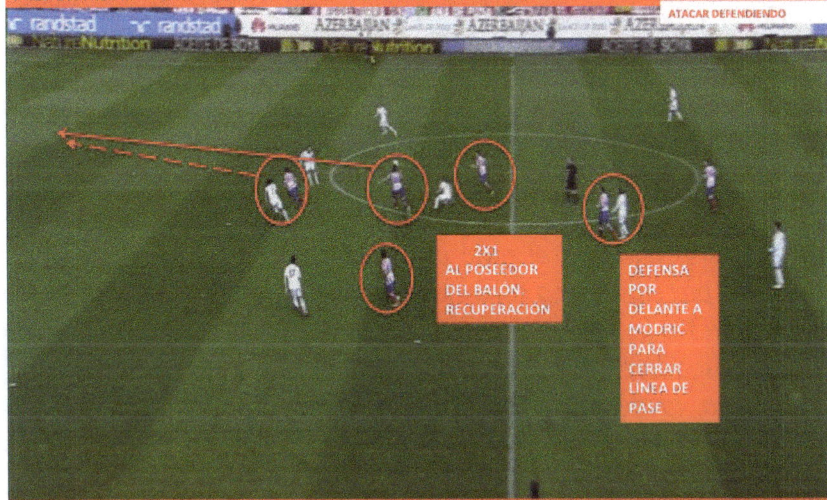

CLAVES:
1. EN 1-2 TOQUES TRAS RECUPERACIÓN DIEGO COSTA TIENE SITUACIÓN DE GOL.
2. 2X1 AL POSEEDOR DE BALÓN + AGRESIVIDAD PARA RECUPERAR EN EL DUELO DIRECTO
3. VERTICALIDAD + PRECISIÓN EN EL PASE.

ATLÉTICO DE MADRID: JUEGO DE BANDAS
SACAR AL CENTRAL [SERGIO RAMOS] PARA ABRIR LA PUERTA AL GOL.

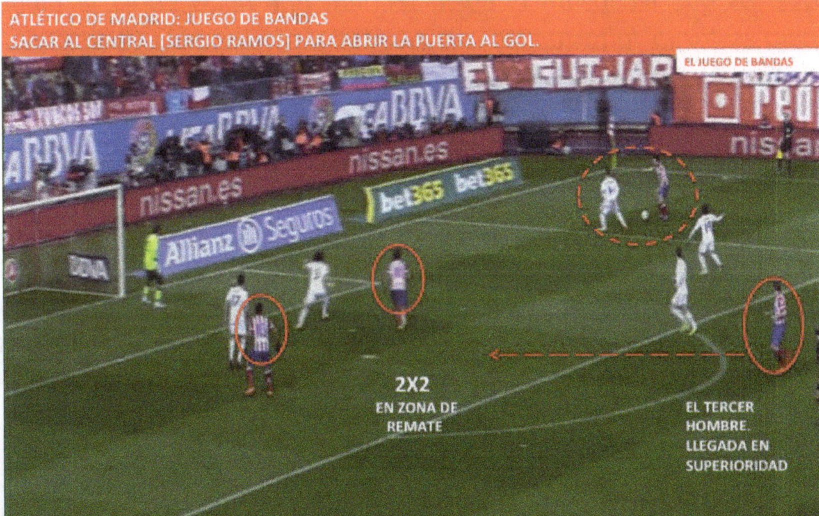

CLAVES:
1. PROFUNDIDAD DE JUANFRAN
2. 2X2 + LLEGADA DEL 3er HOMBRE A SITUACIONES DE REMATE
3. FINALIZAR LA JUGADA PARA EVITAR CONTRAATAQUES.

ARTÍCULO PUBLICADO EN MARCA EL 24-MAYO-2014

Catorce por equipo

La final está en la zona ancha. Tanto Simeone como Ancelotti querrán meter un jugador más que el oponente. La jerarquía en la medular será el sostén, pero la energía establece el nivel competitivo. Sin ella, el oponente te somete hasta arrodillarte, arruinando así gran parte de las ilusiones. La tensión, el Madrid bajó los plomos hace semanas, y el nivel de actividad -capacidad para repetir acciones precisas a una intensidad alta-, así como la energía, serán indicadores que dictarán vencedores y vencidos. Es una final para catorce jugadores por equipo. Quien caiga en el estatismo, pierde. Una regla, la de los cinco segundos, será el camino al gol. El dominio de las transiciones es la obsesión de ambos entrenadores. Es la cuenta de la vieja. Cuando Atlético y Real recuperen el balón, cuenten cinco segundos. Uno irá a toda velocidad hacia el gol, el otro luchará por meter a nueve jugadores por detrás de balón para recuperar la posibilidad y convertir la contra en un ataque posicional. Observen ese detalle, no es banal, los que pierden el balón necesitan fuerza y deseo para cerrar todas las puertas, mientras que los que recuperan el cuero tendrán que hacer correr el balón para evitar la falta táctica, ser precisos y no perder la verticalidad. Godín, Miranda, Alderweireld, contra el Málaga, y Raúl García. Cristiano, Varane -ya marcó en el Camp Nou- y Sergio Ramos son nombres de ambos bandos que ganan partidos desde la pelota parada. La estrategia, determinante en el fútbol actual, eleva su transcendencia en una final que se espera cerrada, táctica y donde no habrá regalos ni pérdidas de balón en el inicio de juego por ninguno de los escuadrones. Sobre el desenlace, el Madrid puede ganar en media jugada, mientras que el Atlético es un equipo de noventa minutos picando piedra. La llave está en la cabeza, el ganador deberá demostrarlo cuando se encuentre contra las cuerdas.

Este último artículo -por donde pasaba la final - reflejó mis sensaciones. La final de los intangibles, esos detalles que siendo poco en una temporada cobran una relevancia única cuando la vida se juega en 90 minutos. Escrito esto, ya sólo quedaba esperar. La semana de trabajo en "Marca" había sido apasionante. Era la final soñada por la mayoría de los lectores y no dejaba de ser un sueño escribir en el diario.

Con la de Lisboa ya iban para seis las finales con "Marca". Era un afortunado más si podía conseguir en el lector el mismo respeto que yo tenía por todos aquellos a los que leía. Fue una final de amigos. Atresmedia -empresa para la que trabajaba- no tenía los derechos, aunque al día siguiente -25 de mayo- tendríamos doble partido de la Liga adelante para demostrar que el fútbol, como la vida, no se detiene. En Cope no estaba en la alineación. No sólo los jugadores pasan por ese filtro. Todos, en mayor o menor medida, vivimos sometidos a las decisiones de otros, así que no queda otra que respetarlas, luchar y mejorar cada día para estar preparado cuando seas tú el señalado. La otra cara de la moneda es que lo podría ver con mi hermano y algunos amigos. Estuvo genial, porque si algo malo tiene trabajar en fútbol es que te quedas sin la parte de tu vida que te unió con los amigos más íntimos en el discurrir de finales y más finales. El fútbol, la emoción que nos acompaña desde niños, ya es trabajo para ti. La suerte fue que Enrique Martín me fichó para Terra a principios de 2006 y mi estreno en la profesión coincidió con la edad de Oro del fútbol español. Los ciclos de la vida indican que en algún momento la música iba a dejar de sonar, pero la historia se reescribía dándoles a los nuestros todos los títulos, y algunos más de los perdidos en el pasado.

La finalísima

Sonó el himno de la Champions, todo listo y dispuesto. El Madrid soportaba la presión de la victoria obligada y el Atlético no pensaba en lo que no fue contra el Bayern cuarenta años atrás. Pepe estaba en el banquillo. Diego Costa en el once, así como Cristiano. Benzema -sin estar para mucho- se había empeñado en estar y a buena fe que lo consiguió. Habló con quien tenía que hablar para ser la punta de lanza del ataque blanco.

ARTÍCULO EN MARCA 25-MAYO-2014

Décima y diez

El Atlético fue el coco. Uno de esos equipos que siempre se quieren evitar. Respirar no estaba permitido en un partido donde las emo-

ciones y los miedos golearon a cualquier atisbo de soltura. No hubo fútbol y eso facilitó al equipo, al Atlético, especialista en contrarrestar y no dejar jugar. La estructura defensiva le permitió resistir de manera heroica pese a perder metros hasta terminar ejecutando una defensa de balonmano. Los colchoneros se quedaron tirados a falta de dos minutos. Gloria o silencio. Fútbol.

"Tan atrás no" gritó un rojiblanco. "Tan atrás no me gusta" había dicho otro mucho antes. Ramos, tan imperial como Godín en el juego a balón parado, convirtió el grito en lamento. Al Atlético le falto tener el balón para respirar y distraer al Madrid, también ese cambio que no tuvo por la titularidad de Diego Costa. Villa -el "Guaje" se vació- y Adrián corrieron por él, pero un cambio más hubiese sido de oro. Intangibles que te fulminan.

Los blancos que llegaron "lesionados" condicionaron la final. Benzema, pese a su deseo de jugar, no tuvo el físico para enseñar las cualidades que adornan su poderío. Cristiano fue el único, pero no encontró un pasador que le permitiese ser el ejecutor. El Madrid, con la obligación de atacar y atacar, estuvo falto de ideas y automatismos en ataque, aunque su pegada es infinita. La fuerza se implementó en la prórroga, donde el diferencial físico amenazaba con reventar la igualdad en cualquier carrera. Bale, goleador en los dos títulos, tuvo una, dos y hasta tres oportunidades. Pero el Atlético, con su deseo infinito, estaba tieso. De un mal golpeo de Tiago llegó la galopada de Di María -finalísima la suya- y el gol del galés volador. En la cuarta hizo diana y ya todo fue cuesta abajo. El ganador, ya lo saben, pero bien merece rendir honores al Atlético. El Madrid ya tiene una más. La décima cae a cuenta de un Atlético de diez.

libro
futbol
.com
AL GOL SE
LLEGA LEYENDO

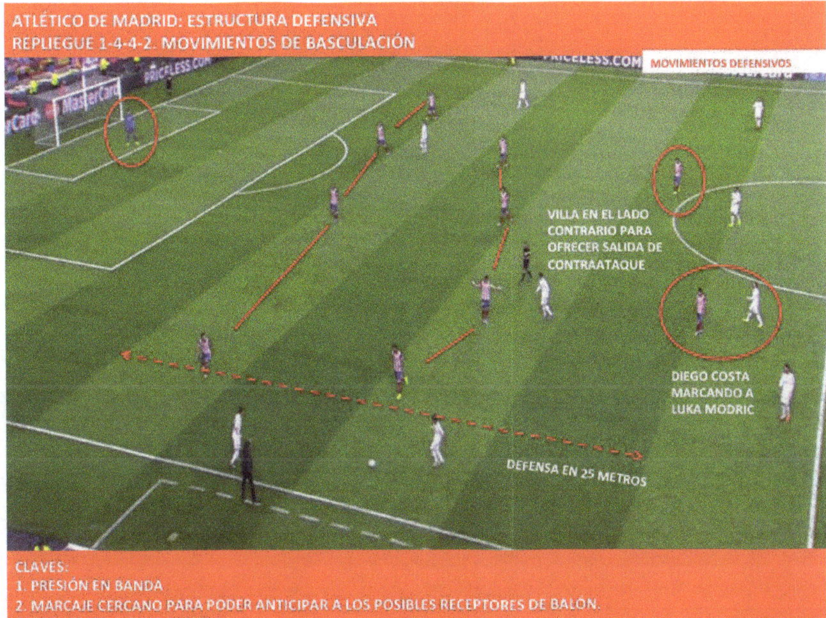
ATLÉTICO DE MADRID: ESTRUCTURA DEFENSIVA
REPLIEGUE 1-4-4-2. MOVIMIENTOS DE BASCULACIÓN
MOVIMIENTOS DEFENSIVOS
VILLA EN EL LADO CONTRARIO PARA OFRECER SALIDA DE CONTRAATAQUE
DIEGO COSTA MARCANDO A LUKA MODRIC
DEFENSA EN 25 METROS
CLAVES:
1. PRESIÓN EN BANDA
2. MARCAJE CERCANO PARA PODER ANTICIPAR A LOS POSIBLES RECEPTORES DE BALÓN.
3. OSCURECER A LUKA MODRIC

ATLÉTICO DE MADRID: ESTRUCTURA DEFENSIVA
REPLIEGUE 1-4-4-2. MOVIMIENTOS DE BASCULACIÓN
MOVIMIENTOS DEFENSIVOS
VILLA CON MODRIC
DIEGO COSTA CON KHEDIRA
BASCULACIÓN DEFENSIVA DEL ATLÉTICO. TODOS EN EL LADO FUERTE DEL BALÓN
CLAVES:
1. PRESIÓN EN BANDA
2. MARCAJE CERCANO PARA PODER ANTICIPAR A LOS POSIBLES RECEPTORES DE BALÓN.
3. OSCURECER A LUKA MODRIC

ATLÉTICO DE MADRID: LAS ACCIONES A BALÓN PARADO
EL CAMINO DEL GOL

UN GOL PARA SOÑAR

KOKE + GABI
COMO
LANZADORES
ADRIÁN
RAÚL
GARCÍA
GODIN
VILLA
TIAGO
MIRANDA

CLAVES:
1. UN LANZADOR PRECISO Y CON CAPACIDAD PARA EL CENTRO TENSO.
2. JUGADORES REMATADORES CON TIMING Y DESEO DE GOL.
3. DOMINIO DE LA SEGUNDA JUGADA

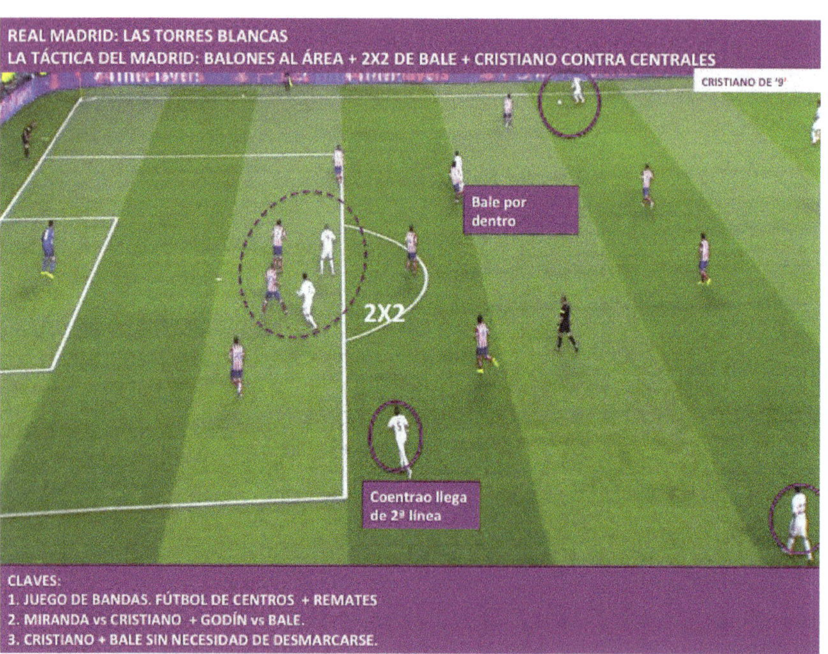

ATLÉTICO DE MADRID: ESTRUCTURA DEFENSIVA
REPLIEGUE 1-4-4-2. MOVIMIENTOS DE BASCULACIÓN

MOVIMIENTOS DEFENSIVOS

COURTOIS ATENTO A LA COBERTURA

VILLA EN EL LADO CONTRARIO PARA OFRECER SALIDA DE CONTRAATAQUE

DIEGO COSTA MARCANDO A LUKA MODRIC

CLAVES:
1. PRESIÓN EN BANDA
2. MARCAJE CERCANO PARA PODER ANTICIPAR A LOS POSIBLES RECEPTORES DE BALÓN.
3. OSCURECER A LUKA MODRIC

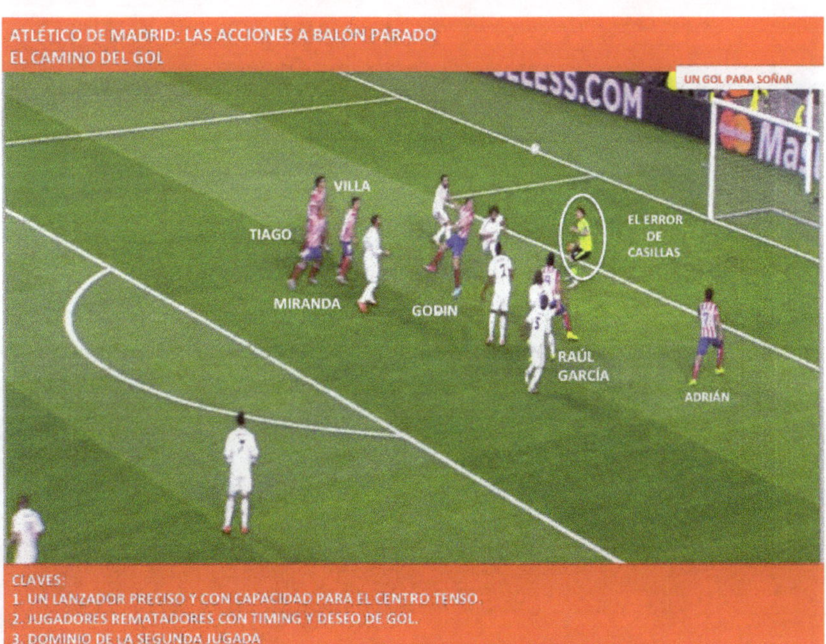

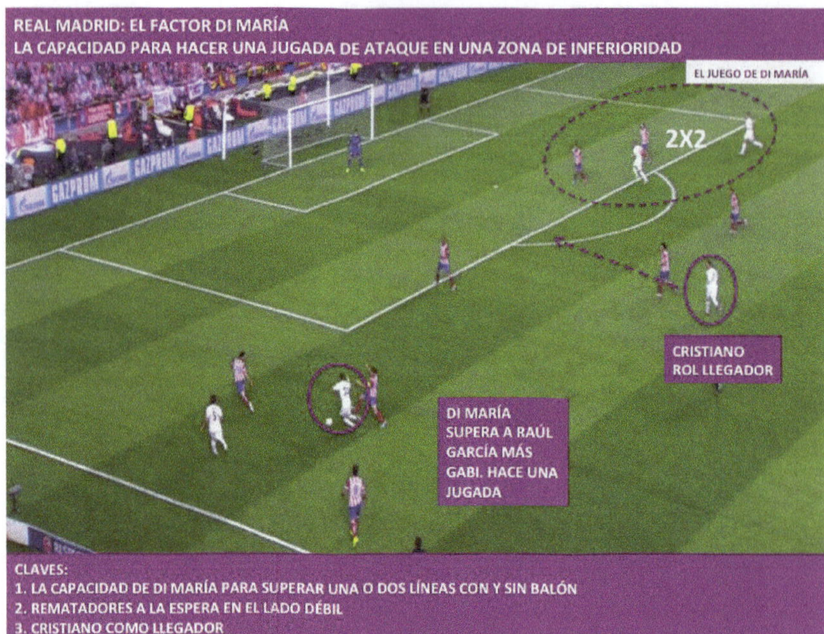
REAL MADRID: EL FACTOR DI MARÍA
LA CAPACIDAD PARA HACER UNA JUGADA DE ATAQUE EN UNA ZONA DE INFERIORIDAD
EL JUEGO DE DI MARÍA
2X2
CRISTIANO
ROL LLEGADOR
DI MARÍA
SUPERA A RAÚL
GARCÍA MÁS
GABI. HACE UNA
JUGADA
CLAVES:
1. LA CAPACIDAD DE DI MARÍA PARA SUPERAR UNA O DOS LÍNEAS CON Y SIN BALÓN
2. REMATADORES A LA ESPERA EN EL LADO DÉBIL
3. CRISTIANO COMO LLEGADOR

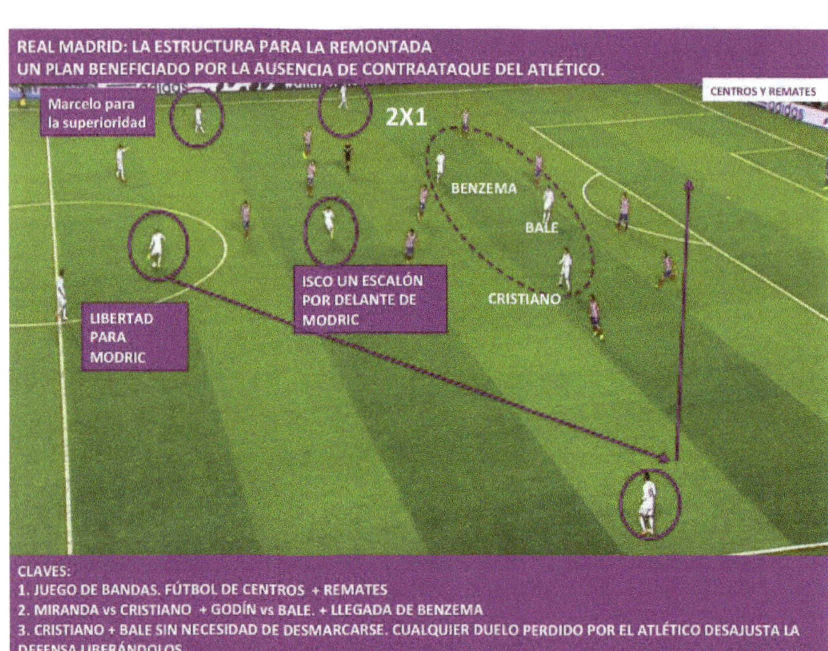
REAL MADRID: LA ESTRUCTURA PARA LA REMONTADA
UN PLAN BENEFICIADO POR LA AUSENCIA DE CONTRAATAQUE DEL ATLÉTICO.
CENTROS Y REMATES
Marcelo para
la superioridad
2X1
BENZEMA
BALE
CRISTIANO
ISCO UN ESCALÓN
POR DELANTE DE
MODRIC
LIBERTAD
PARA
MODRIC
CLAVES:
1. JUEGO DE BANDAS. FÚTBOL DE CENTROS + REMATES
2. MIRANDA vs CRISTIANO + GODÍN vs BALE. + LLEGADA DE BENZEMA
3. CRISTIANO + BALE SIN NECESIDAD DE DESMARCARSE. CUALQUIER DUELO PERDIDO POR EL ATLÉTICO DESAJUSTA LA DEFENSA LIBERÁNDOLOS.

El Atlético se quedó a un paso, a dos minutos y medio, de hacer suya la primera Champions. Destino y desgracia. El descuento, 300 segundos, había sido un infierno para un equipo que se tambaleaba desde minutos antes. Castigado al quedarse sin cambios y sin respuesta para saltar, claudicó en la última acción, la del gol de Ramos, donde el central blanco saltó -y firmó un remate de bandera- sin que ningún colchonero pudiese despegarse del suelo para presentar oposición. Fue "gol-partita". No había más, el sentimiento colchonero notó que esa puñalada era definitiva, en el empate estaba la muerte tal y como había sucedido contra el Bayern.

La derrota lo cambia todo. Como una bofetada. La sonrisa desaparece y la noche se hace, del tumulto y la necesidad de compartir se pasa a la soledad y la desconexión. El silencio invadió "Neptuno" mientras "Cibeles" se llenaba para esperar a los suyos. Las finales no admiten análisis, aunque nadie debería olvidar que los ganadores no son tan buenos ni los perdedores tan malos como parece. Una jugada, la última, sirvió para invertir los roles.

Simeone, líder único, asumió la responsabilidad de la alineación de Diego Costa. Era un riesgo, pero más lo hubiese sido empezando desde el banquillo y saliendo a falta de 20 minutos. ¿Se imaginan al Atleti con diez? Hubiesen caído antes. A la resistencia rojiblanca le faltó balón -Arda Turan- y huida -Diego Costa- para alcanzar el cielo. Sonó extraño que Diego Ribas, sin Arda en la convocatoria, no hubiese tenido otro papel. Esa plaza fue para José Sosa.

Villa y Adrián, con Diego Costa fuera, eran los puntas. La dupla TT, Teverga y Tuilla, se vació, pero al Cholo le faltó ese jugador fresco para huir en el último tercio. El Atlético sólo había defendido y eso es devastador ya que los defensas blancos, con Villa peleando en soledad para aguantar el balón en soledad, sólo tenían que mirar hacia delante. El Atlético se desangró por falta de amenaza, Villa y Adrián partían desde muy lejos y sin la ayuda de un compañero sobre el que descargar. Miranda y Gabi estuvieron soberbios. Se desconoce qué será en el futuro, pero el Atlético tiene un gran capitán. Con la derrota reunió a los suyos y les dijo que estaba orgulloso de ellos. Lo habían dado todo.

Pudieron perder antes, Bale perdonó, adelantarse fue una heroi-

cidad. La labor defensiva de los colchoneros se vio favorecida por la táctica del equipo de Ancelotti de colgar balones al área desde el primer minuto. Los blancos perdieron una hora insistiendo en un tipo de juego que iba contra las fortalezas -y no las debilidades- del Atlético. Ancelotti -con más profundidad de plantilla- tiró de los cambios lógicos. Isco, criterio en el pase y juego interior, y Marcelo, amplitud y diagonal interior, entraron para darle una vuelta de tuerca al partido y hundir la defensa rojiblanca contra su portero. Morata, por el estático Benzema, fue el último toque de un Ancelotti que con el gol de Ramos pasó del infierno a la gloria en un par de segundos.

Nunca sabremos, ay, la incidencia del destino, un enigma, una solución básica cuando la desgracia nos sacude de manera inexplicable. Pudo ser de otra manera, pero qué importa, dirán los rojiblancos. Un cambio más, Mario Suárez tal vez, y un minuto de descuento menos, un poco de fortuna, porque esa final fue tan justa como cruel. El Madrid había perdonado y merecido el triunfo mientras que el Atlético ya la tenía cuando parecía que lo peor había pasado. Cumplida la profecía de Eurovisión, la de Conchita Wurst. Fue en 1966. Aquel año lo primero que se dio fue la victoria de Austria en Eurovisión. Hecho que se repitió en 2014. Ese año, 1966, la Liga la ganó el Atlético, el Betis descendió a Segunda, el Deportivo subió a Primera División y el Real Madrid ganó la Copa de Europa. Treinta y ocho años después el itinerario se repetía y los campeones fueron cayendo partido a partido.

Simeone, aplaudido por los medios, salió y fue taxativo: "Ni una sola lágrima". Los sueños van apareciendo en la mente y no quedaba otra que seguir luchando para levantarse, coger fuerzas y ponerse de nuevo a andar para perseguir nuevos objetivos. Tienes todo y no "tenés" nada. Tan real como la vida. Simeone no se detuvo en excusas, le hizo frente a la derrota con la misma fuerza de un equipo, abatidos en su vuelta a Madrid, que no se detuvo a buscar culpables. Habían sido momentos de gloria y de silencio, donde la "miseria" del subcampeonato escondía el mérito del camino recorrido. Muchos otros, proyectos faraónicos habían caído bastante antes. Quedarse en el último escalón, y más teniéndolo tan a mano, escondía la grandeza de un equipo que ilusiona a la afición a partir del juramento hipocrático. La ética, el compromiso y el esfuerzo habían llegado al corazón de una afición que creía, y desea, que los suyos tuviesen suerte en el frente de batalla. La fiesta del fútbol español fue plena. Antes, durante y después. Un ejemplo, los allí presentes representarían con maestría "el hacer" de la gran mayoría de los españoles. Gracias. A los vencedores y a los vencidos. Orgullo, honor y destino.

SOBRE EL AUTOR

Marcos López (Oviedo, 1975) es scouting profesional y entrenador de fútbol. Colabora con numerosos equipos y entrenadores punteros del fútbol europeo y sudamericano. Perteneció al staff técnico de Luis Enrique, actual técnico del Barcelona, durante su paso por la Roma. Master en psicología del deporte, experto profesional en entrenamiento deportivo, experto universitario en gestión y ponente habitual de Fútbol y Táctica.

Colaborador habitual de varios medios de comunicación (Marca, Cadena Cope, La Sexta...), es uno de los comentaristas deportivos más valorados por los aficionados españoles y tiene un relevante blog denominado 'Futbolitis'.

www.ingramcontent.com/pod-product-compliance
Ingram Content Group UK Ltd.
Pitfield, Milton Keynes, MK11 3LW, UK
UKHW021830270726
14058UKWH00001B/73

9 789873 763199